엔트리로 배우는 신비한 자율주행의 비밀!

발 행 일	|	2025년 10월 31일(1판 1쇄)
I S B N	|	979-11-92695-89-1(13000)
정 가	|	15,000원
집 필	|	오송, 이지은
진 행	|	이영수
본문디자인	|	디자인앨리스
발 행 처	|	㈜아카데미소프트
발 행 인	|	유성천
주 소	|	경기도 파주시 정문로 588번길 24
홈 페 이 지	|	www.aso.co.kr

 어린이 자율주행 자동차로 배우는 코딩 첫걸음 [어린이 자율주행 코딩 면허증] 1단계 교재는 이렇게 만들었어요!

오늘 배울 내용
각 CHAPTER에서 배울 내용에 대한 완성 이미지와 함께 QR 코드를 찍으면 완성된 동영상을 미리 확인할 수 있어요.

누가 맞을까?
자율주행 자동차 관련하여 퀴즈를 맞혀 보세요!

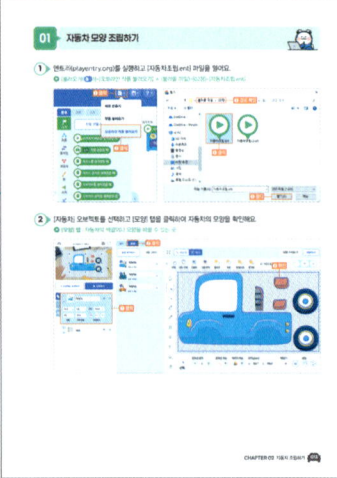

본문 따라하기
각 CHAPTER에서 배울 내용을 재미있는 예제를 통해 쉽게 따라하며 배울 수 있어요.

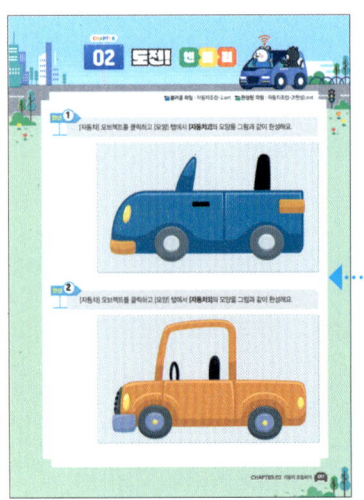

도전! 엔트리
CHAPTER가 끝나면 스스로 생각하여 해결할 수 있는 응용 문제를 제공해요.

▶ 코딩이란 뭘까요?

여러분 코딩이 뭐라고 생각하세요?
코딩이란 컴퓨터에게 무엇인가를
만들 수 있도록 말을 하는 것과 같아요.

하지만 불행하게도 컴퓨터는 사람이 하는 말을 알아듣지 못해요. 그래서 컴퓨터가
알아들을 수 있는 언어가 필요한데 그것이 바로 코딩 프로그램(프로그래밍 언어)이예요.

코딩 프로그램은 여러분들이 좋아하는
게임도 만들 수 있고, 스마트폰에서
사용하는 앱도 만들 수 있어요.

여러분 코딩 어렵지 않아요! 하나씩 천천히
공부하면 진짜 게임 개발자가 될 수도 있어요!

※ 코드=프로그램(소프트웨어), 코딩=프로그래밍

 **CONTENTS**

13 자동차 선택하기

080

14 자동차 바퀴 수리하기

086

15 엑셀과 브레이크
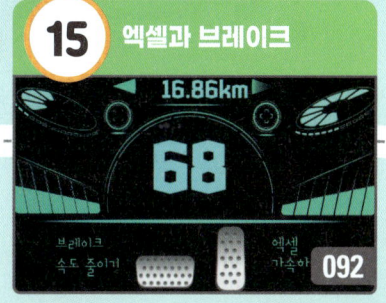
092

18 목적지 찾아가기

110

17 어두워지면 라이트를 켜요!

104

16 소방드론 출동!

098

19 AI 택배차로 배달하기

116

20 자동 세차하기

122

21 주차 연습하기

128

24 레트로게임 만들기-2

146

23 레트로게임 만들기-1

140

22 차량 감지하기

134

CHAPTER 01 인공지능 엔트리봇 만들기

■ 불러올 파일 : 없음   ■ 완성된 파일 : 없음

 **학습목표**
- 하드웨어와 소프트웨어의 차이에 대해 설명할 수 있어요.
- 코딩에 대해 알아보고 엔트리봇을 깨워요.

 **오늘 배울 내용**

▶ 다음 그림에서 하드웨어는 무엇일까요?(정답 2개)

힌트 ①
손으로 만질 수 있고 기계나 장치를 찾아보세요.

힌트 ②
소프트웨어는 눈에 보이지 않지만, 하드웨어는 우리가 손에 잡을 수 있어요.

누가 맞을까?

자동차의 몸체나 바퀴는 하드웨어이고, 자동차를 움직이게 하는 프로그램은 ○○ 입니다.

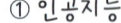

① 인공지능   ② 소프트웨어   ③ 테슬라

01 안녕, 엔트리봇!

1 엔트리 홈페이지(playentry.org)에 접속한 후, [만들기]–[엔트리 학습하기]를 클릭해요.

2 엔트리 학습하기 화면에서 [시작하기] 단추를 클릭해요.

02 엔트리봇을 깨워보자!

1 [시작하기] 단추를 눌러 깊은 잠에 빠진 엔트리봇을 깨워주세요!

2 엔트리봇에게 필요한 하드웨어 3개를 골라주세요.

코딩 레벨 UP

컴퓨터에는 중요한 부품들이 있어요! 중앙처리장치(CPU), 주기억장치(RAM), 그래픽처리장치(GPU)가 있어요.

- CPU : 컴퓨터의 두뇌처럼 일을 해요. 모든 명령을 처리하는 중요한 부품이에요.
- RAM : 컴퓨터의 기억력처럼, 잠깐 필요한 정보를 저장해두는 곳이에요.
- GPU : 그림을 그리고 화면에 보여주는 일을 하는 부품이에요. 게임이나 영화를 잘 볼 수 있도록 도와줘요!

3 이번에는 엔트리봇에게 필요한 소프트웨어를 1개 골라주세요.

소프트웨어 설치 전 모습　　소프트웨어 설치 후 모습

코딩 레벨 UP!

컴퓨터에는 하드웨어뿐만 아니라 소프트웨어도 있어요!
소프트웨어는 컴퓨터가 할 일을 정해주는 프로그램을 말해요. 그래서 엔트리봇을 움직이게 하려면 블록 코딩 프로그램을 통해 명령을 내려야 해요.

03 눈을 떠! 엔트리봇

1 [계속하기] 단추를 눌러서 엔트리봇이 눈을 뜨게 도와주세요!

2  블록을 ▶️ ▶버튼을 클릭했을 때 블록 아래에 조립해 주세요.

블록 조립 전	블록 조립 후

3 컴퓨터인 엔트리봇은 사람의 언어로 말하면 잘 몰라요. 컴퓨터가 이해할 수 있는 숫자 2개를 골라주세요.

사람의 말로 코딩할 때	컴퓨터 언어로 코딩할 때

코딩 레벨 UP

컴퓨터는 이진수로 모든 일을 처리해요!
이진수는 0과 1로만 이루어진 특별한 숫자에요. 컴퓨터는 사람의 언어를 이해할 수 없기 때문에 우리가 작성한 코드 블록을 숫자로 바꾸어 처리한답니다.

- **이진수** : 0과 1로만 이루어진 숫자에요. 컴퓨터는 이 숫자들을 이용해서 모든 작업을 해요.
- **0과 1** : 컴퓨터가 이해하는 기본 단위에요. 0은 '꺼짐', 1은 '켜짐'을 뜻해요.

■ 불러올 파일 : 없음　　■ 완성된 파일 : 없음

미션 1

[말하기] 블록 코드를 조립하여 엔트리봇이 '안녕!'을 말하게 해주세요.

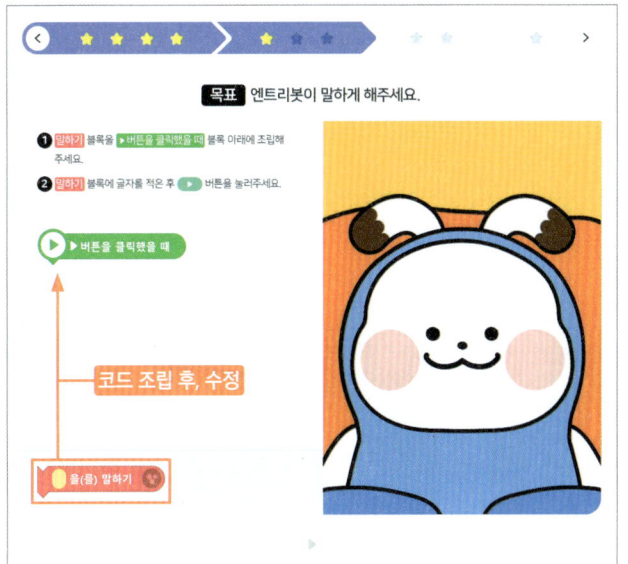

미션 성공

미션 2

인공지능이 무엇인지 알아보며 엔트리봇과 같은 인공지능 3개를 골라주세요.

미션 성공

자동차 조립하기

■ 불러올 파일 : 자동차조립.ent   ■ 완성된 파일 : 자동차조립(완성).ent

■ 자동차의 부품을 드래그하여 조립하고 저장할 수 있어요.

■ 키보드의 숫자를 눌러 자동차 모양을 변경할 수 있어요.

오늘 배울 내용

자동차 조립하기	자동차 모양 변경하기

누가 맞을까?

자동차를 만들 때, 바퀴와 차체를 합치는 과정을 무엇이라고 할까요?

① 조립   ② 충전   세차

01 자동차 모양 조립하기

1 엔트리(playentry.org)를 실행하고 [자동차조립.ent] 파일을 열어요.

▶ [불러오기( )]-[오프라인 작품 불러오기] ➡ [불러올 파일]-[02장]-[자동차조립.ent]

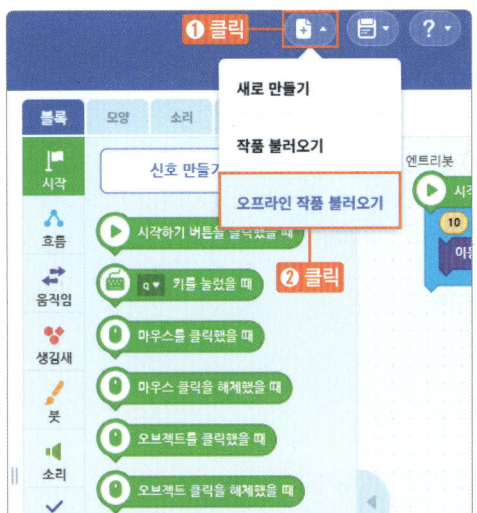

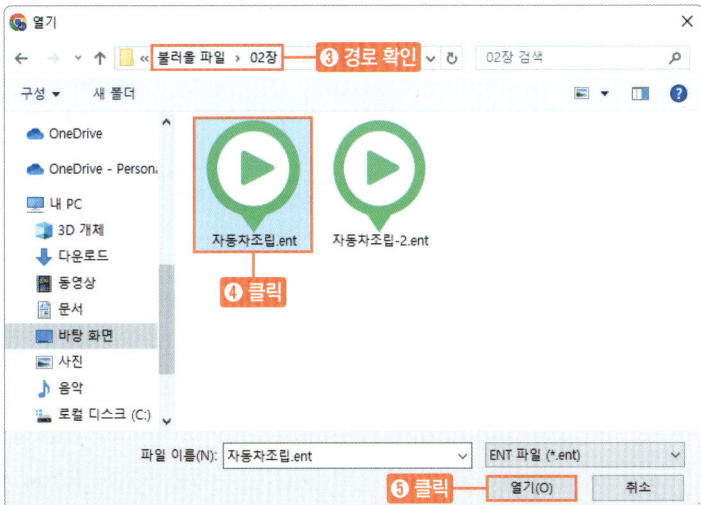

2 [자동차] 오브젝트를 선택하고 [모양] 탭을 클릭하여 자동차의 모양을 확인해요.

▶ [모양] 탭 : 자동차의 색깔이나 모양을 바꿀 수 있는 곳

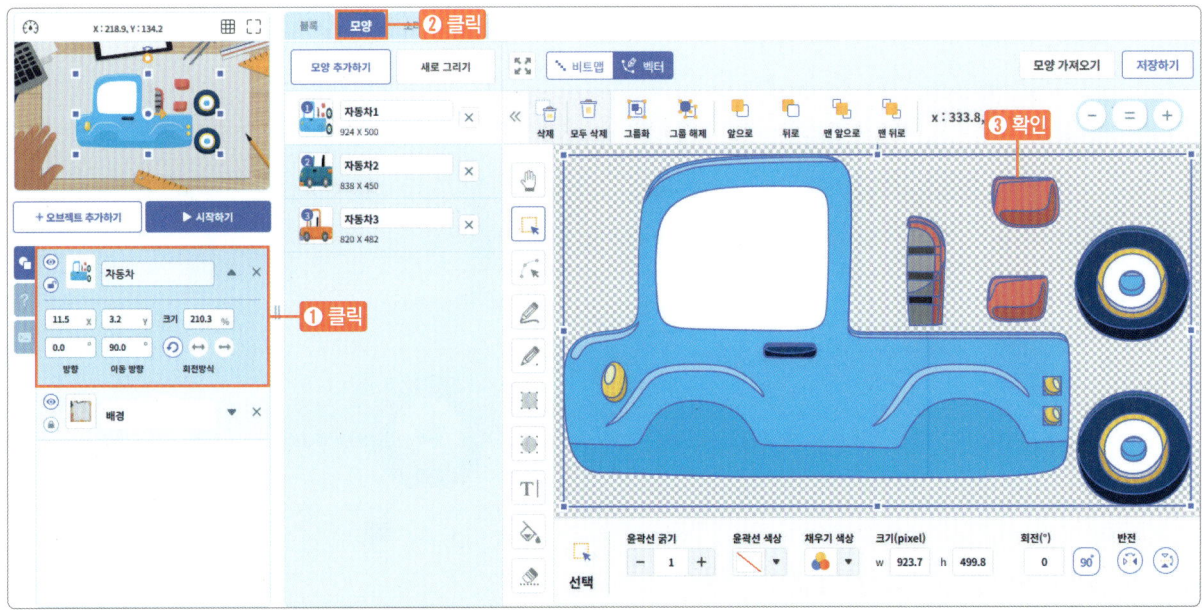

3 자동차 바퀴를 드래그하여 자동차 바퀴 위치에 조립해요.

▶ 선택도구(🖱)를 클릭 ➡ 마우스 포인터 모양이 이동(✥)일 때 드래그

🖐 **여기서 잠깐!**

● 이런, 나의 실수! 오브젝트가 지워지거나 크기가 이상해졌어요.
당황하지 말고 바로 입력 취소(↩) 단추를 누르거나 **Ctrl** + **Z** 단축키를 눌러요.

4 자동차를 그림과 같이 모두 조립하고 [저장하기]-[저장하기]를 클릭하여 자동차의 모양을 저장해요.

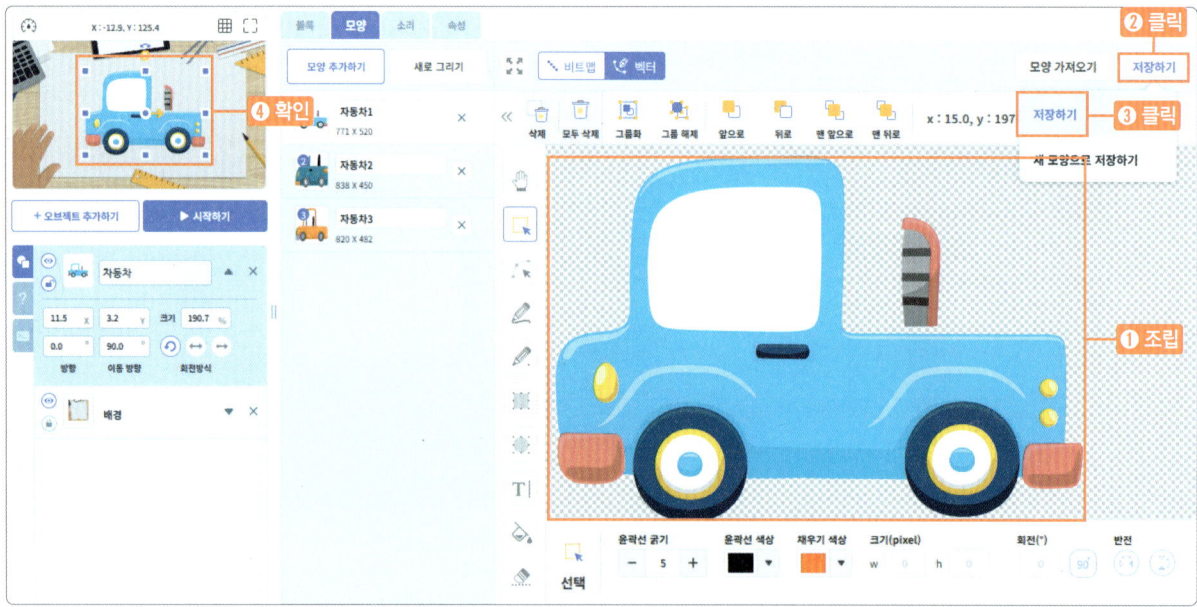

02 자동차 모양을 변경하는 블록 코딩하기

1 [블록] 탭을 클릭하고 [시작] 꾸러미의 q▼ 키를 눌렀을 때 블록을 블록 조립소에 드래그해요.

2 키보드의 1 키를 눌렀을 때 블록으로 수정해요.

▶ 목록 단추(▼)를 클릭한 후, '1'을 선택하거나 키보드의 '1'을 누르기

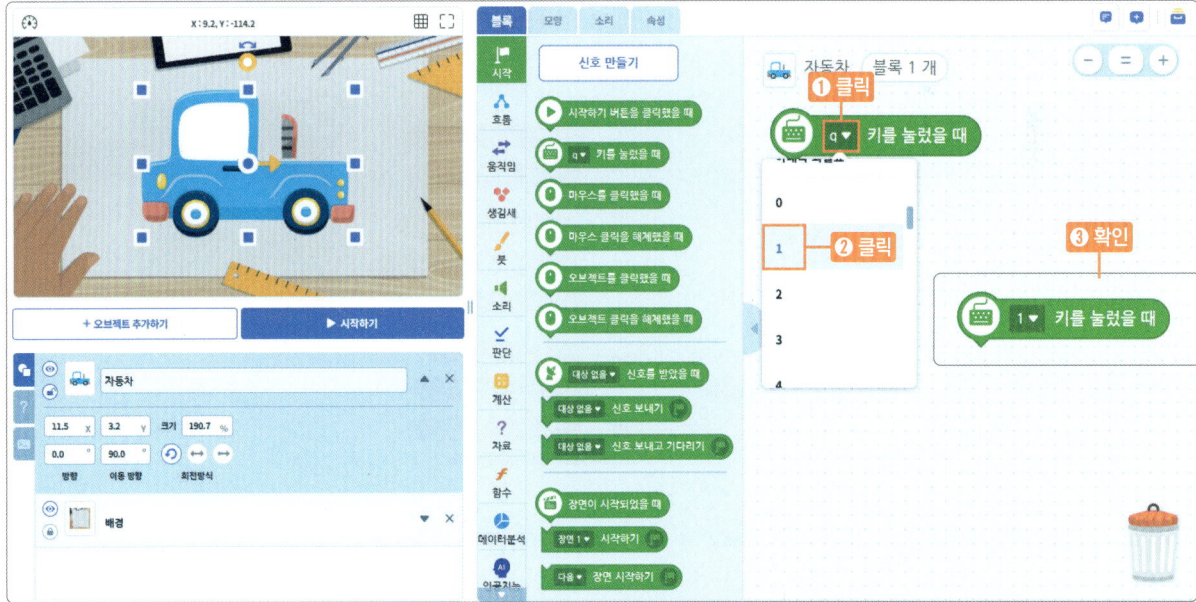

3 키보드의 숫자 **1** 키를 누르면 [자동차1]의 모양으로 바뀌도록 블록을 추가해요.

▶ [생김새]- 자동차1 ▼ 모양으로 바꾸기

4 블록 코드를 2개 더 복사하고 키보드의 키와 모양을 수정해요.

▶ 블록에서 마우스 오른쪽 단추 클릭 ➡ [코드 복제하기] ➡ 키(2/3)와 모양(자동차2/자동차3) 수정

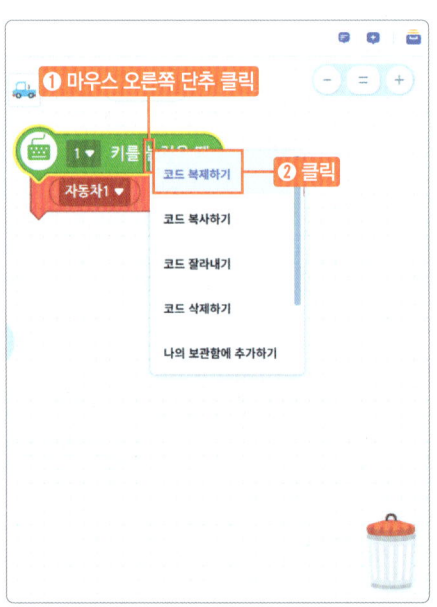

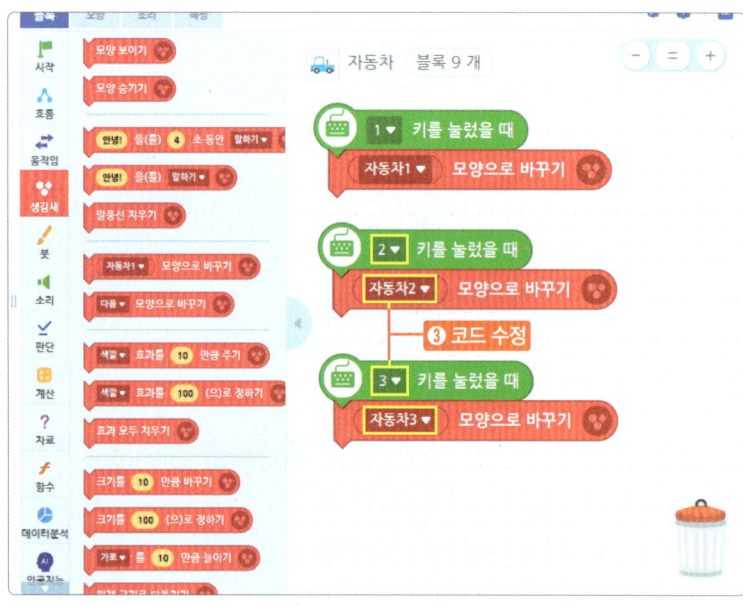

5 [시작하기] 클릭하고 키보드의 숫자(**1**/**2**/**3**) 키를 눌러 자동차 모양이 변경되는지 확인해요.

02 도전! 엔트리

📁 불러올 파일 : 자동차조립-2.ent   📁 완성된 파일 : 자동차조립-2(완성).ent

미션 ①

[자동차] 오브젝트를 클릭하고 [모양] 탭에서 **[자동차2]**의 모양을 그림과 같이 완성해요.

미션 ②

[자동차] 오브젝트를 클릭하고 [모양] 탭에서 **[자동차3]**의 모양을 그림과 같이 완성해요.

CHAPTER 03

자동차 운전연습하기

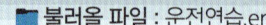
■ 불러올 파일 : 운전연습.ent ■ 완성된 파일 : 운전연습(완성).ent

학 습 목 표
- 목적지를 설정해요.
- 자동차가 목적지에 닿으면 도착 장면으로 전환돼요.

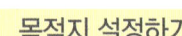
오늘 배울 내용

목적지 설정하기	도착 장면 전환하기
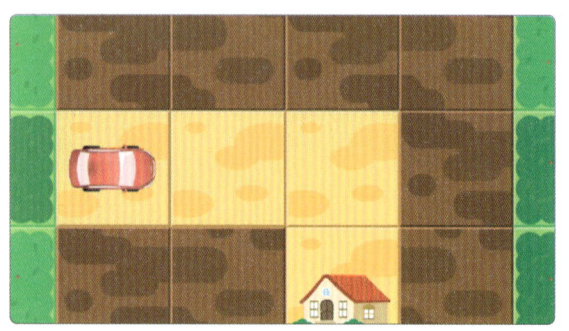	 도착!

누가 맞을까?

자율주행차를 만들 때 엔트리 블록으로 "앞으로 10칸 가기"를 실행하면 자동차는 어떻게 될까요?

① 앞으로 간다
② 뒤로 간다
③ 제자리 멈춤

1 [운전연습.ent] 파일을 열고 [오브젝트 추가하기]를 클릭한 다음 [건물]-[건물(3)] 오브젝트를 추가해요.

▶ [불러오기(📁)]-[오프라인 작품 불러오기] ➡ [불러올 파일]-[03장]-[운전연습.ent]

2 [건물(3)] 오브젝트의 크기를 조절해서 알맞은 위치로 이동해요.

코딩 레벨 UP

파란점 위에 마우스 포인터가 화살표 모양일 때, 드래그하면 **크기를 변경**할 수 있어요.	마우스 포인터가 손가락 모양이거나 전체 화살표 모양일 때, 드래그하면 **위치를 이동**할 수 있어요.

02 자동차가 목적지까지 이동하도록 블록 코딩하기

1 [빨간 자동차]가 목적지까지 가기 위해서 앞으로 몇 번 이동해야 하는지 확인하고 블록을 연결해요.

▶ [함수] – **앞으로**

2 [시작하기]를 클릭했을 때 자동차가 앞으로 2칸 이동하는지 확인해요.

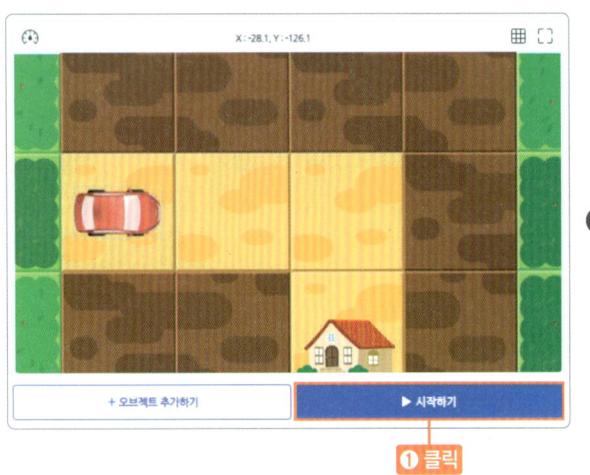

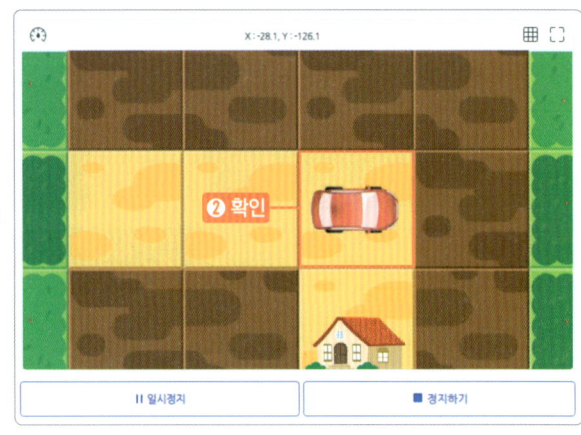

3 목적지까지 가기 위해 회전 방향을 확인하고 [정지하기]를 클릭해요.

우회전(오른쪽)	좌회전(왼쪽)

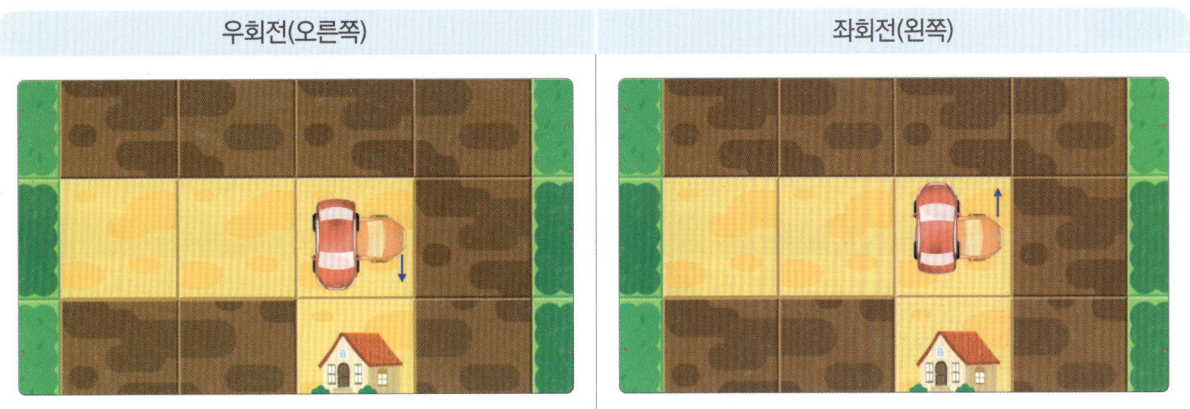

4 목적지에 도착할 수 있도록 [함수] 꾸러미에서 알맞은 블록을 추가해요.

▶ [함수]- 우회전 , 앞으로

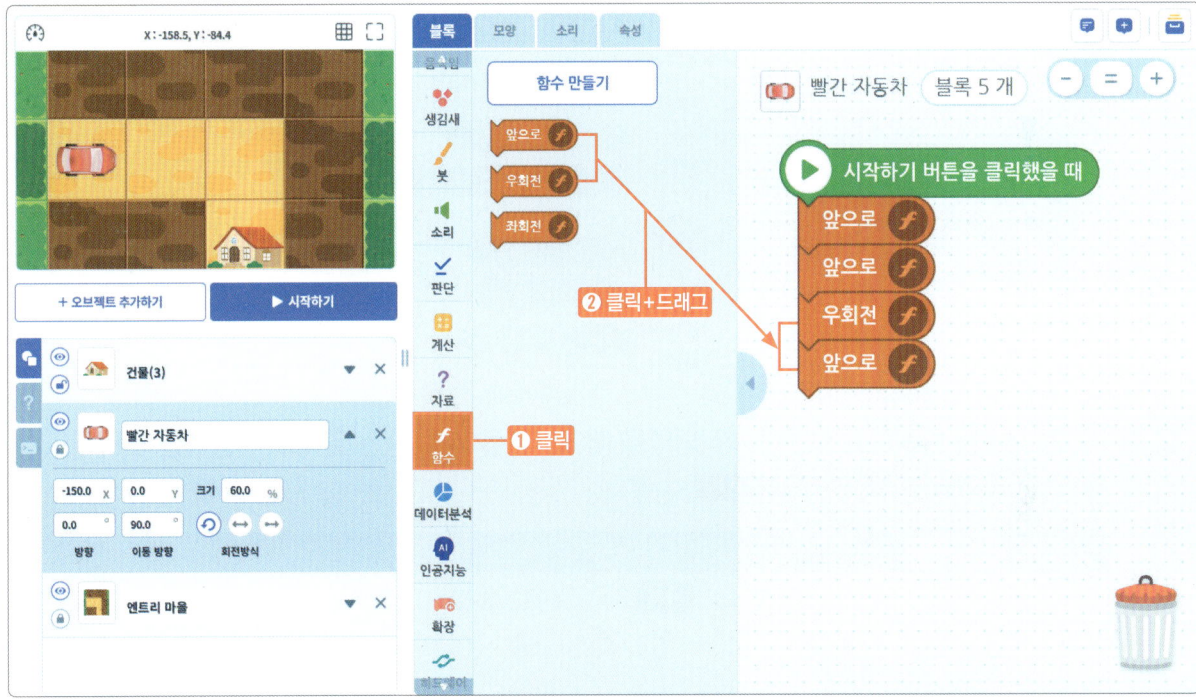

1 [빨간 자동차개] 목적지까지 무사히 도착하면 [도착] 장면으로 이동하도록 블록을 연결해요.

▶ [시작]- 장면 1 ▼ 시작하기

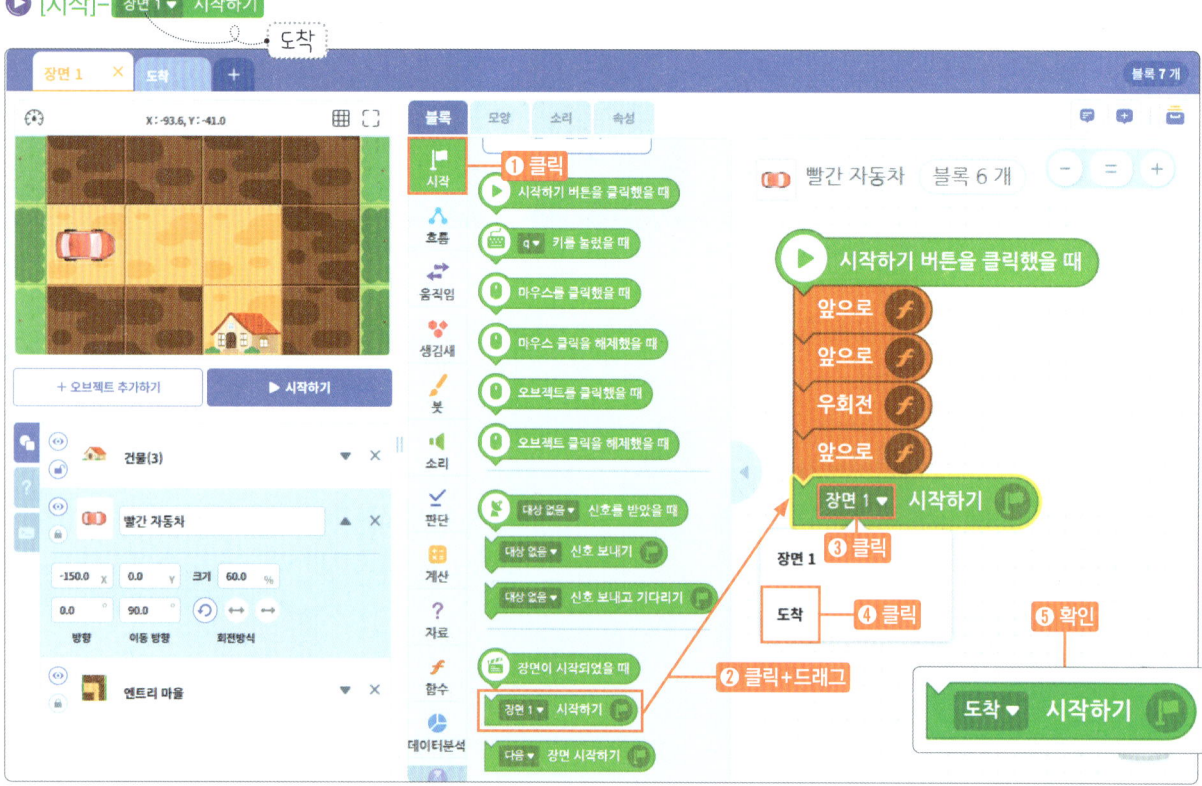

2 [도착] 장면을 클릭하고 장면이 시작되었을 때 '도착!'을 '4초' 동안 말하도록 블록을 추가해요.

▶ [생김새]- 안녕! 을(를) 4 초 동안 말하기 ▼

 **미션 ①**

❶ [장면 2]에서 [오브젝트 추가하기]−[건물] 탭에서 [도서관] 건물을 추가해요.

❷ [자동차]를 클릭하고 무사히 [도서관]에 도착할 수 있도록 [함수] 꾸러미의 블록을 추가해요.

미션 ②

❶ [장면 3]에서 [오브젝트 추가하기]−[건물] 탭에서 [국회의사당]을 추가해요.

❷ [자동차]를 클릭하고 무사히 [국회의사당]에 도착할 수 있도록 [함수] 꾸러미의 블록을 추가해요.

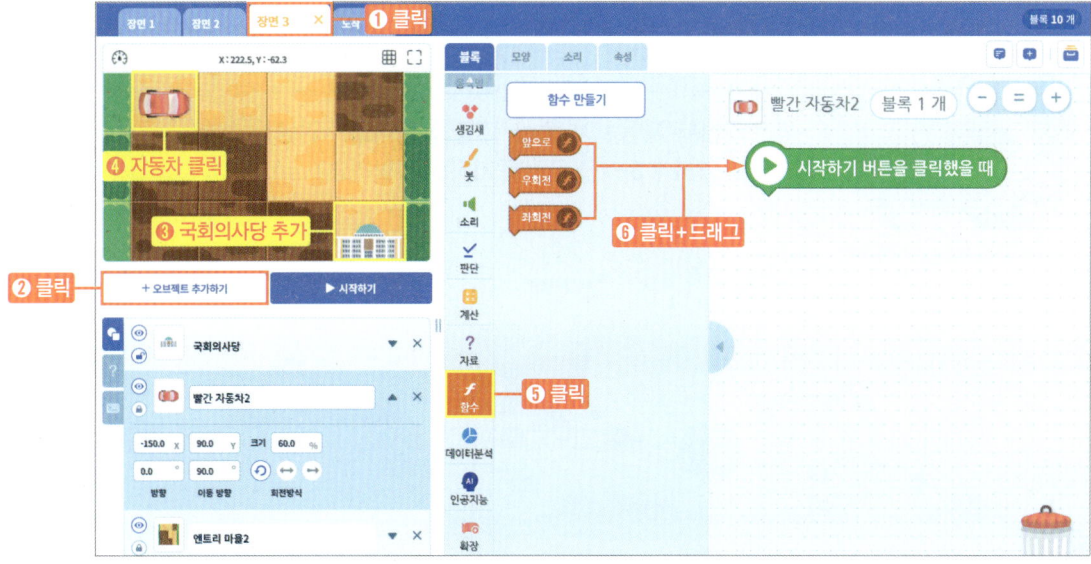

CHAPTER 04 나만의 미래 자동차 꾸미기

■ 불러올 파일 : 미래 자동차.ent   ■ 완성된 파일 : 미래 자동차(완성).ent

■ 나만의 미래 자동차를 예쁘게 색칠할 수 있어요.
■ 미래 자동차가 말하고 움직이게 코딩할 수 있어요.

오늘 배울 내용

자동차 색칠하기	말하고 움직이기

누가 맞을까 ?

엔트리에서 자동차에 풍선 그림을 붙이고, "안녕!" 이라고 말하게 하려면 무엇을 사용해야 할까요?

① 센서

② 블록

③ 바퀴

01 자동차 색칠하기

1 [미래 자동차.ent] 파일을 열고 [모양] 탭을 클릭해요.

▶ [불러오기(📂)]-[오프라인 작품 불러오기] ➡ [불러올 파일]-[04장]-[미래 자동차.ent]

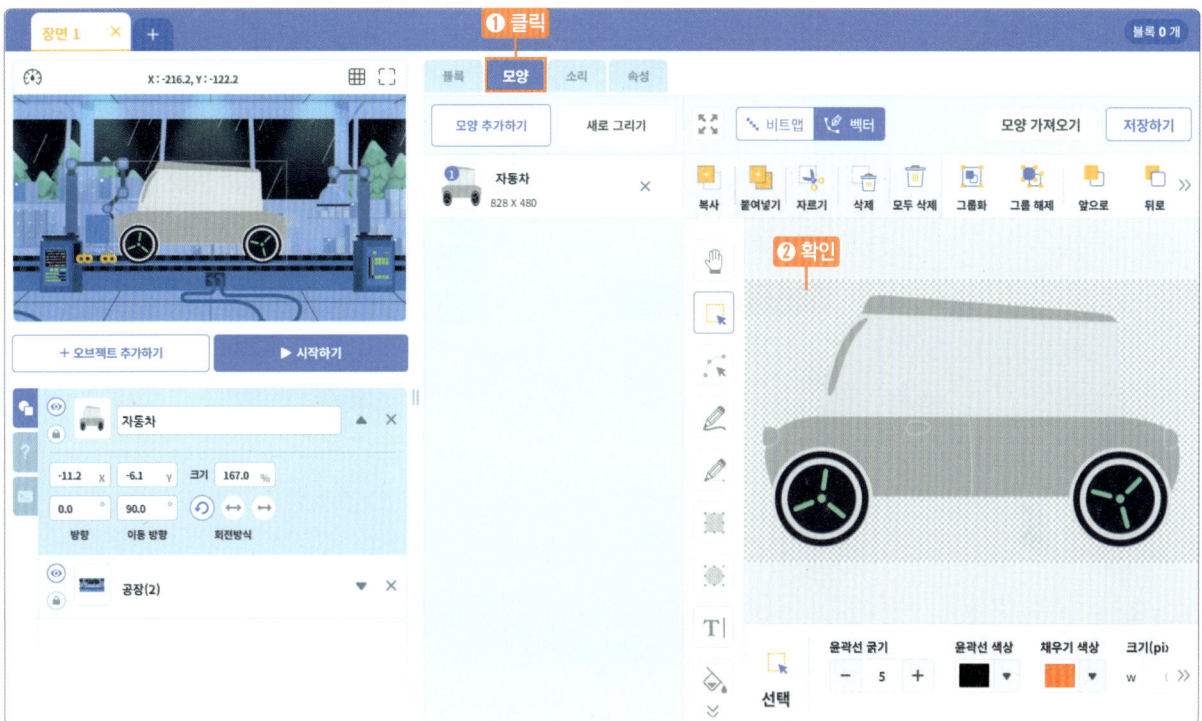

2 나만의 미래 자동차를 예쁘게 색칠한 후, [저장하기]를 클릭해요.

▶ [채우기(🪣)] ➡ [채우기 색상(🟥▾)] ➡ 원하는 색을 선택 후 클릭

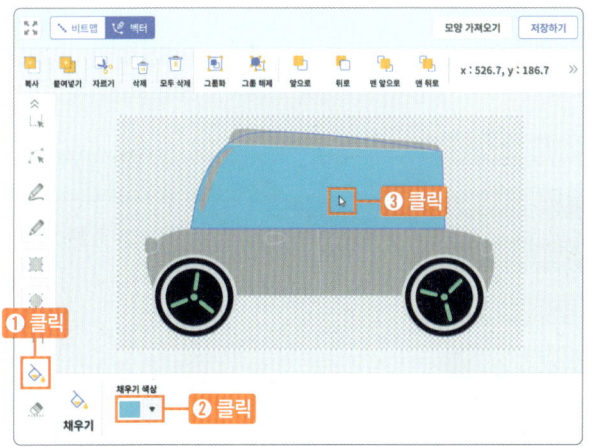 

코딩 레벨 UP

자동차 색 채우기(◇)

- [채우기 색상(▨▼)]에서 원하는 색을 고르고 색칠하고 싶은 부분을 클릭해요.
- [슬라이더 모드(▤)]로 색상 설정이 어려우면 [팔레트 모드(▦)]로 변경해요.

▲ 슬라이더 모드   ▲ 팔레트 모드

---

02 자동차가 말하도록 블록 코딩하기

① [블록] 탭을 클릭하고 [자동차] 오브젝트에 시작을 알리는 블록을 추가해요.

▶ [시작]– 시작하기 버튼을 클릭했을 때

2 [시작하기] 버튼을 클릭했을 때 '자동차 출동!'을 '4초' 동안 말하도록 블록을 추가해요.

▶ [생김새] - 안녕! 을(를) 4 초 동안 말하기 ▼
자동차 출동!

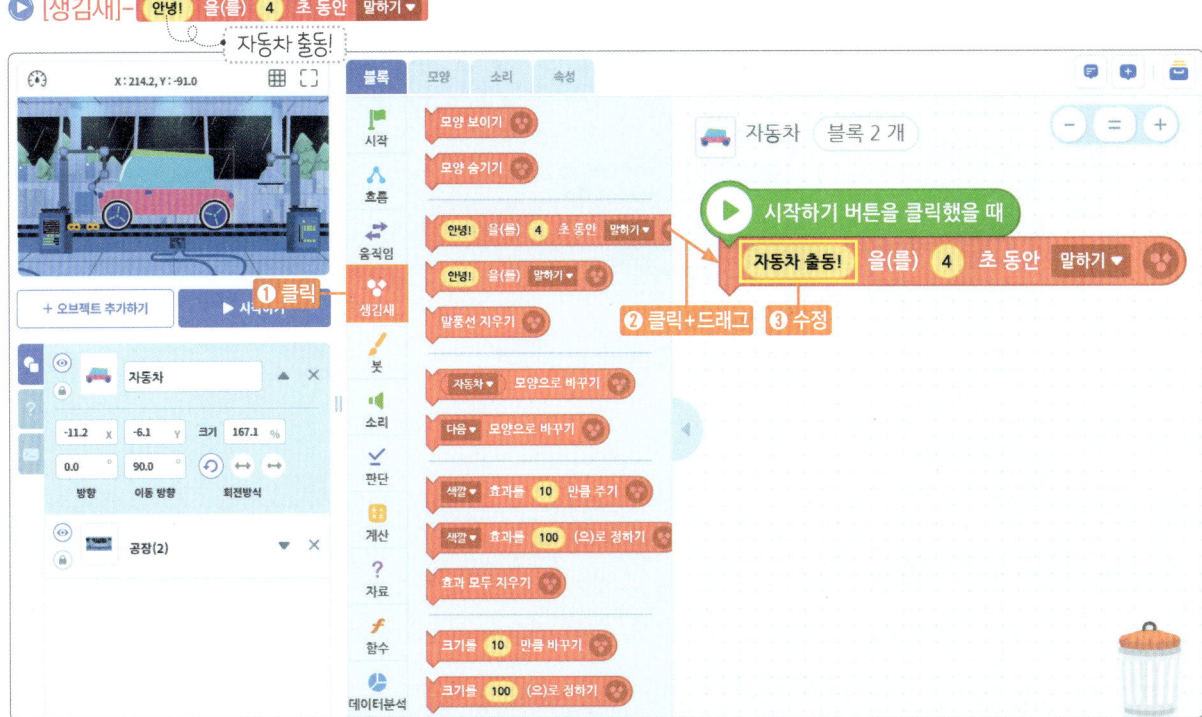

3 이동 방향으로 10만큼 움직이기 위해 블록을 추가한 후, [시작하기]를 클릭하여 결과를 확인해요.

▶ [움직임] - 이동 방향으로 10 만큼 움직이기

4 자동차를 더 멀리 움직이기 위해 반복 횟수를 10회로 늘리는 블록을 추가해요.

▶ [흐름]– 10 번 반복하기 ➡ [움직임]– 이동 방향으로 10 만큼 움직이기 ➡ 블록을 안으로 드래그

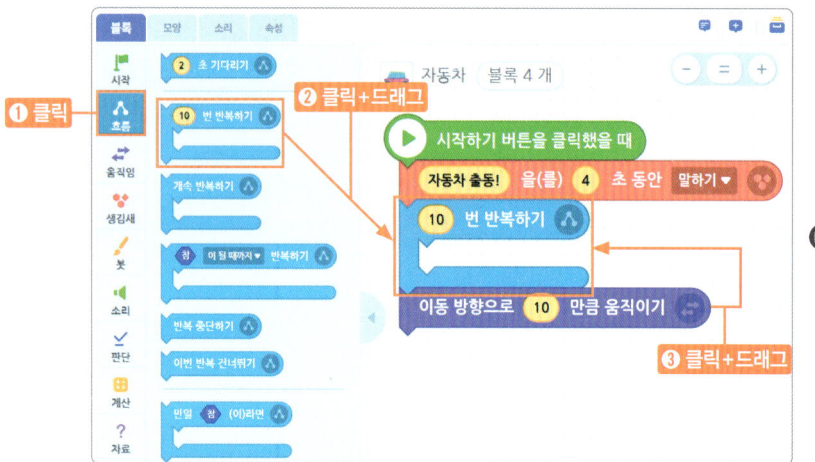

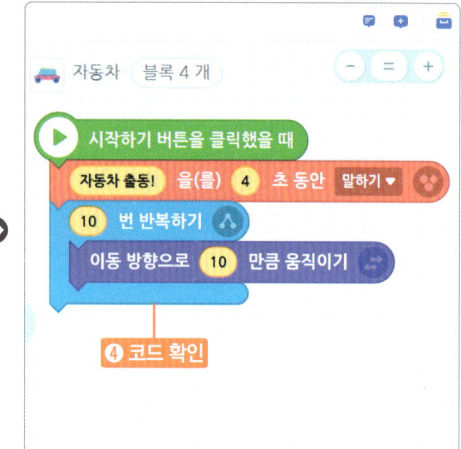

여기서 잠깐!

● [시작하기]를 클릭했을 때 자동차가 뒤로 가요. 자동차가 앞으로(왼쪽) 이동하면서 화면 밖으로 이동하도록 수정해요.

뒤로(오른쪽) 이동	앞으로(왼쪽) 이동

■ 불러올 파일 : 미래 자동차-2.ent   ■ 완성된 파일 : 미래 자동차-2(완성).ent

 **미션 1**

[시작]과 [생김새] 꾸러미의 블록을 사용하여, **시작하기 버튼을 클릭했을 때** '2'초 동안 자동차가 '주행을 시작합니다'라고 말할 수 있도록 블록을 추가해요.

미션 2

오브젝트를 클릭하면 가운데 노란색 화살표가 나와요. 화살표의 방향을 조절하여 원하는 방향으로 설정하고, 자동차가 움직일 수 있게 [흐름]과 [움직임] 꾸러미의 블록을 추가해요.

★ 힌트 ★ 이동 방향으로 10만큼, 30번 반복하도록 코딩해요.

■ 불러올 파일 : 도로주행.ent   ■ 완성된 파일 : 도로주행(완성).ent

학 습 목 표
- 자동차가 스스로 목적지에 도착해요.
- 자동차가 목적지에 닿으면 도착 알림을 표시할 수 있어요.

오늘 배울 내용

자동차 스스로 목적지까지 운전하기	도착 알림 표시하기
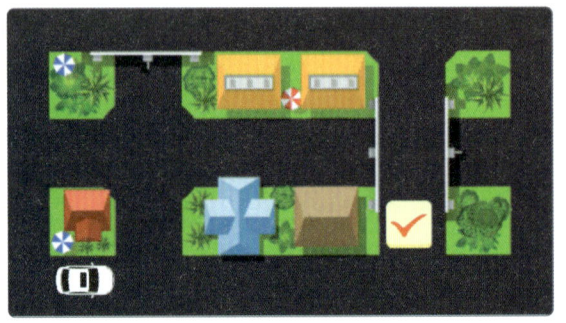	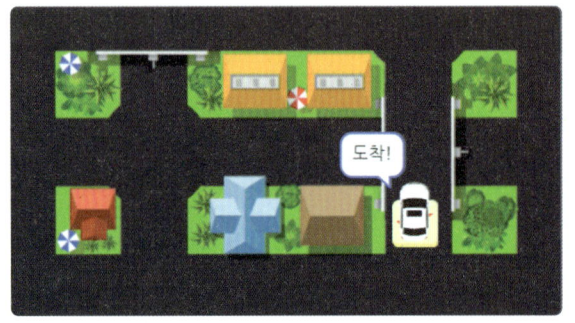

누가 맞을까 ?

자동차가 길을 따라가서 정해진 목적지에 위치하는 것을 무엇이라고 할까요?

① 주차   ② 운전   ③ 도착

01 목적지까지 스스로 운전하기

1 엔트리(playentry.org)를 실행하고 [도로주행.ent] 파일을 열어요.

▶ [불러오기(📂)]-[오프라인 작품 불러오기] ➡ [불러올 파일]-[05장]-[도로주행.ent]

2 [자동차] 오브젝트에서 5번 직진하도록 블록을 연결하고 [시작하기]를 클릭하여 움직임을 확인해요.

▶ [함수]- 직진

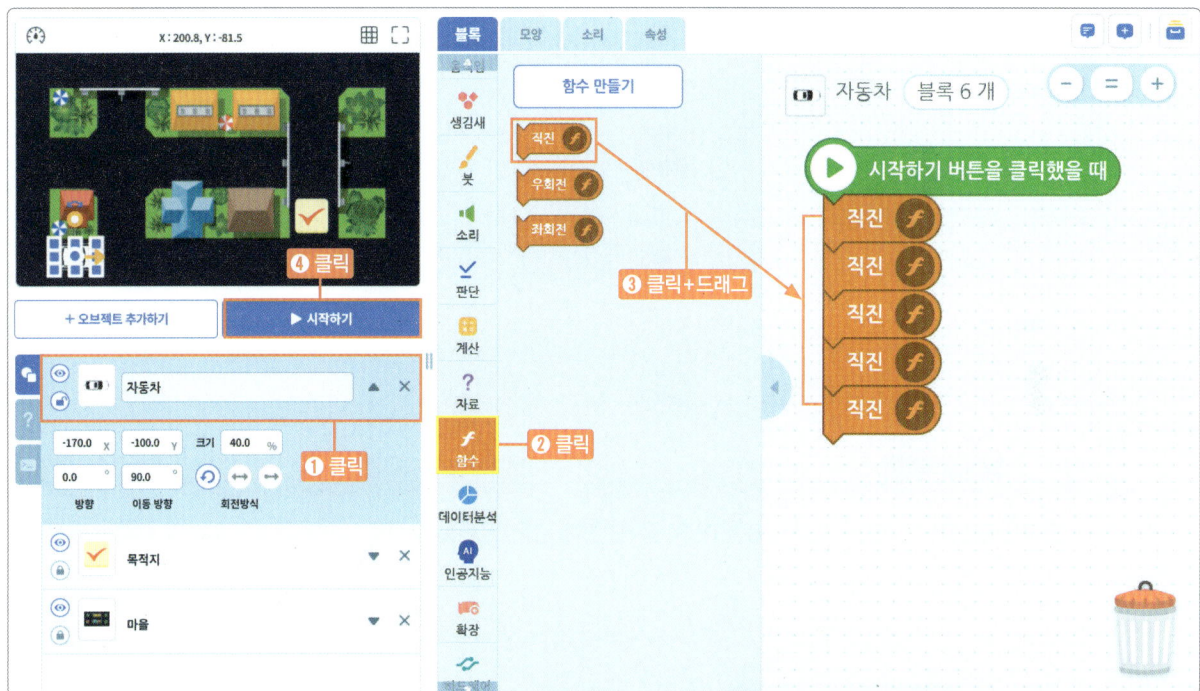

3 일정 횟수 동안 반복하는 블록으로 수정하고 [시작하기]를 클릭하여 결과를 확인해요.

▶ [흐름]- 10 번 반복하기 블록으로 수정

4 [자동차] 오브젝트가 [목적지]에 도착하도록 블록을 추가해요.

▶ [함수]- 좌회전 ➡ 직진

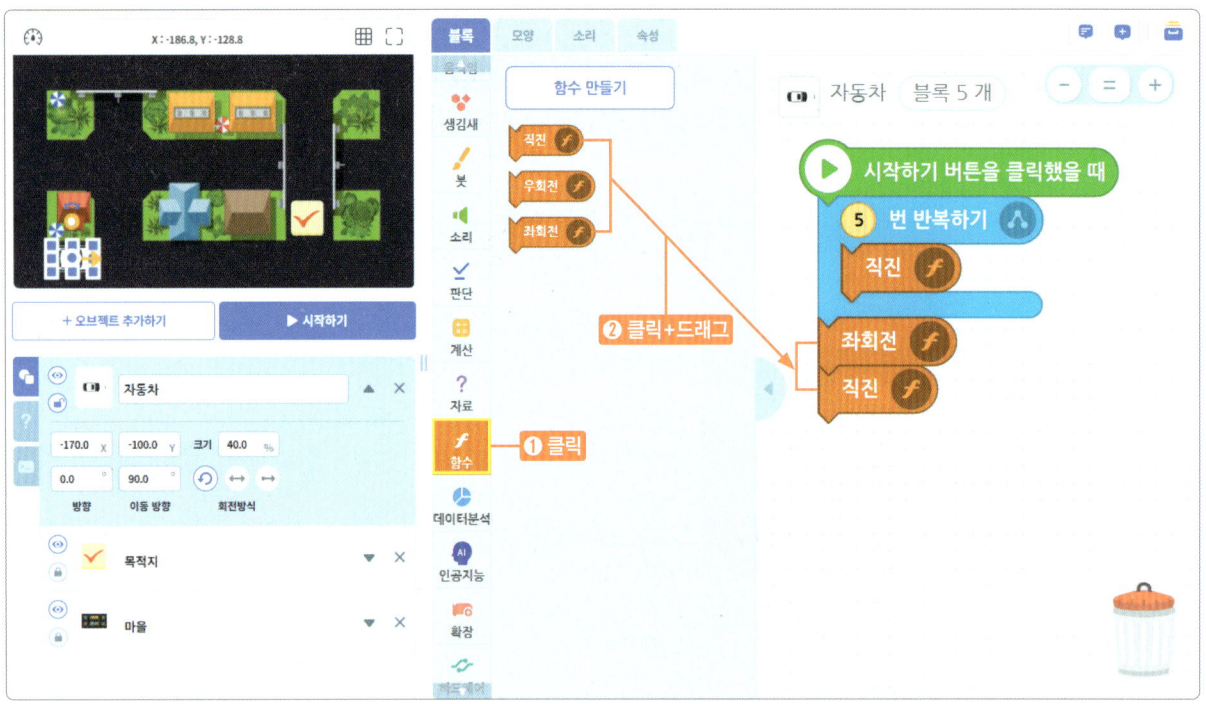

👋 **여기서 잠깐!**

- **반복하기 블록** : 반복할 명령 블록을 [반복 블록] 안에 넣고 반복할 숫자를 입력하면, 그 수만큼 명령을 반복해서 실행해요.

변경 전	변경 후

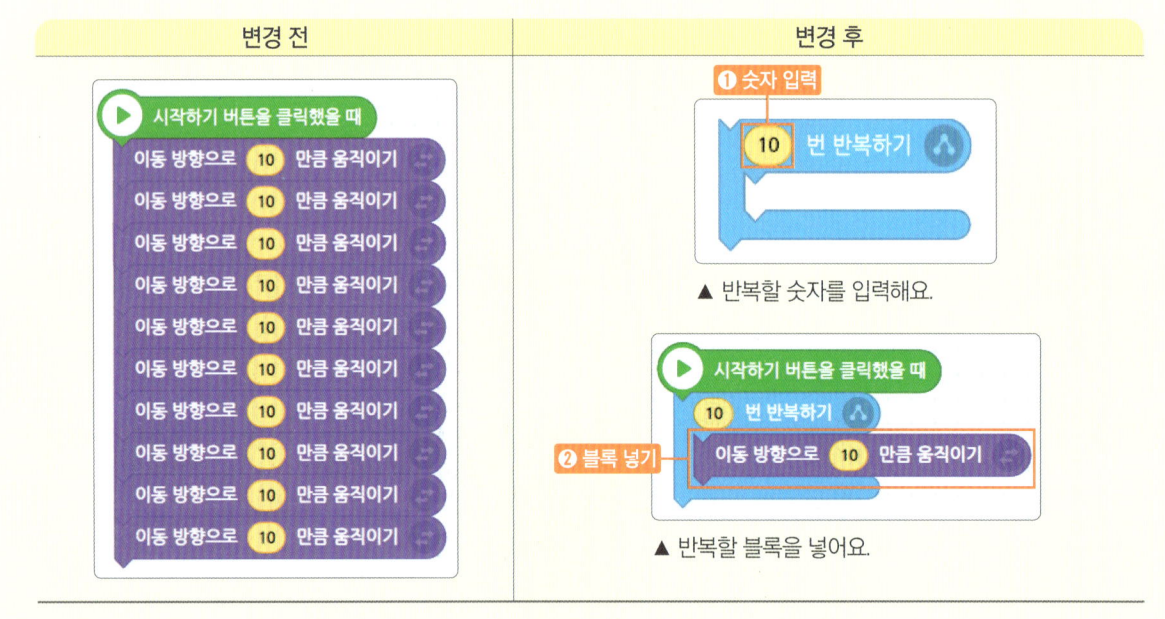

02 ▶ 도착 알림 표시하기

1 [목적지] 오브젝트를 클릭한 후, '만일 자동차에 닿았다면' 조건으로 블록을 추가해요.

▶ [판단]— 마우스포인터 ▼ 에 닿았는가? → 자동차

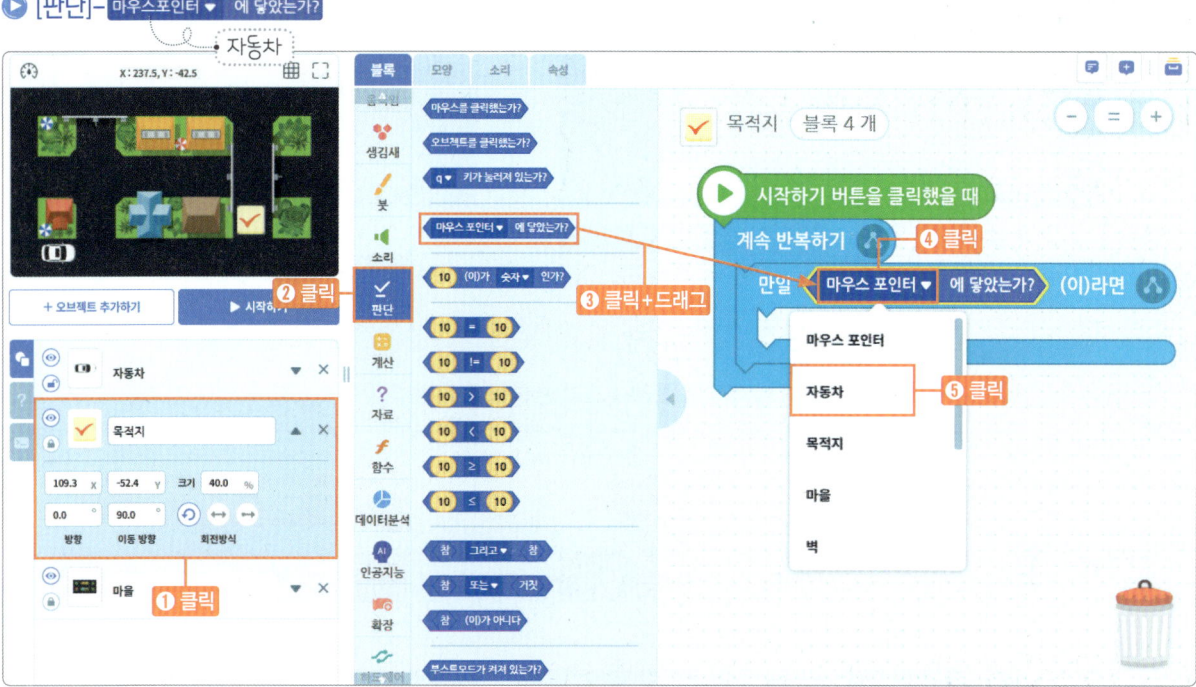

2 자동차가 목적지에 닿았을 때 '도착!'을 '4초' 동안 말한 다음 모양을 숨기도록 블록을 추가해요.

▶ [생김새]— 안녕! 을(를) 4 초 동안 말하기 ▼ → 모양 숨기기 → 도착!

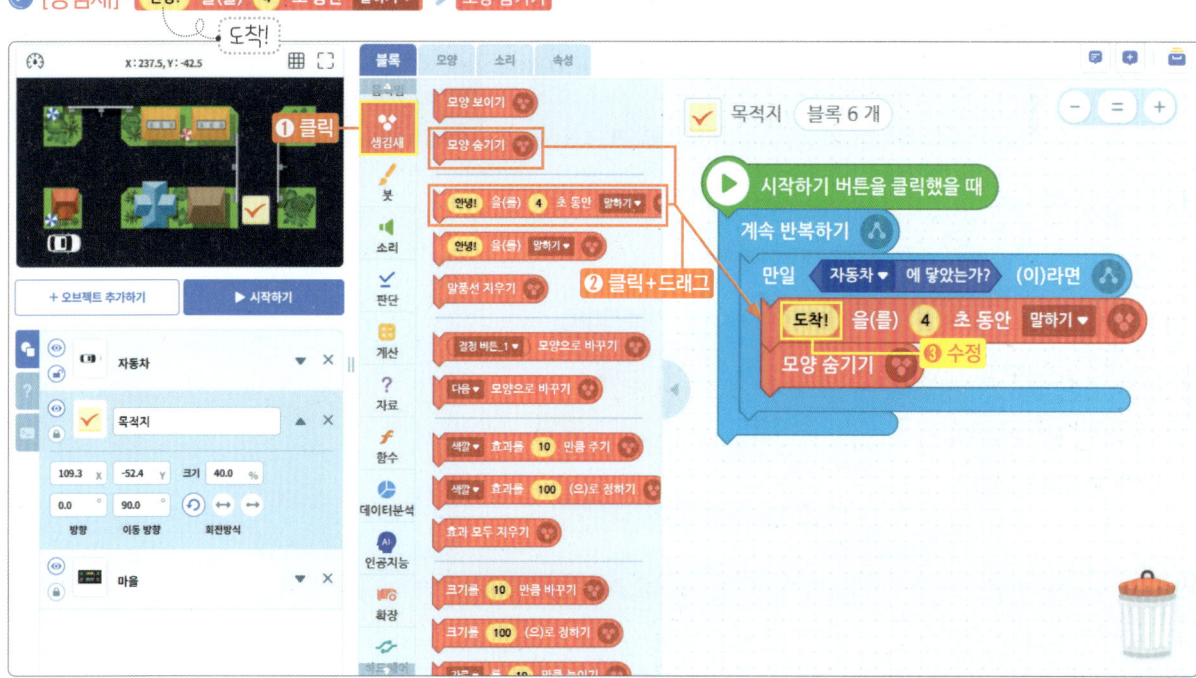

3 [시작하기]를 클릭한 후, 자동차가 도착지까지 잘 도착하는지 확인해요.

코딩 레벨 UP

- **[생김새]** 꾸러미에서 색깔, 밝기, 투명도 효과나 크기 변경 등 다양한 효과를 적용할 수 있는 블록을 추가할 수 있어요.

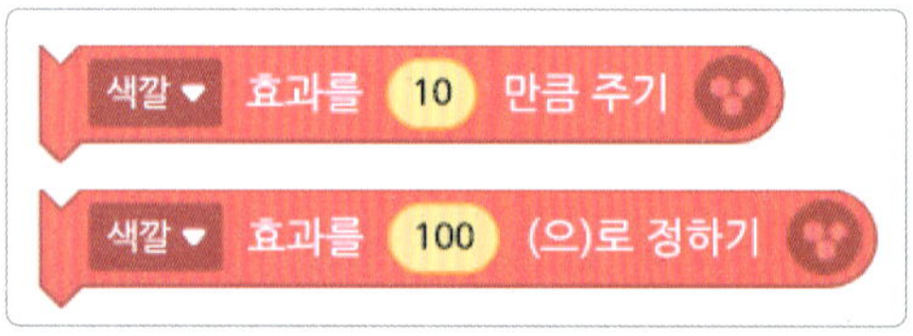

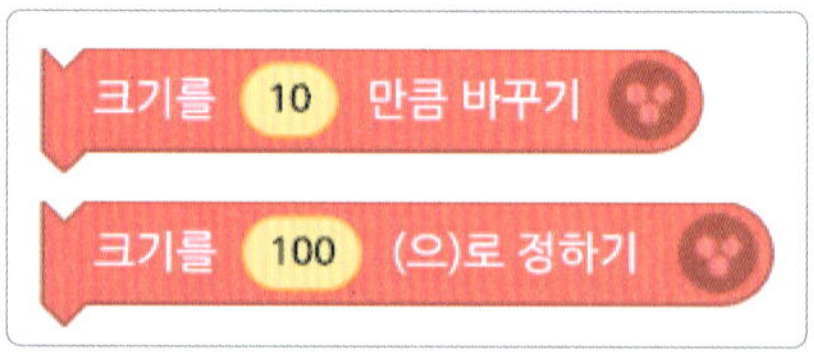

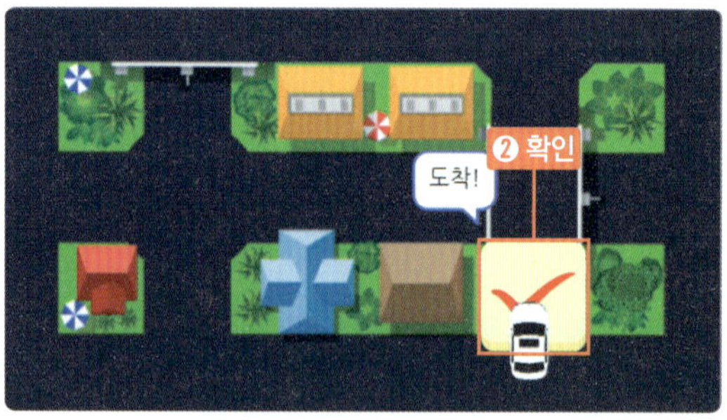

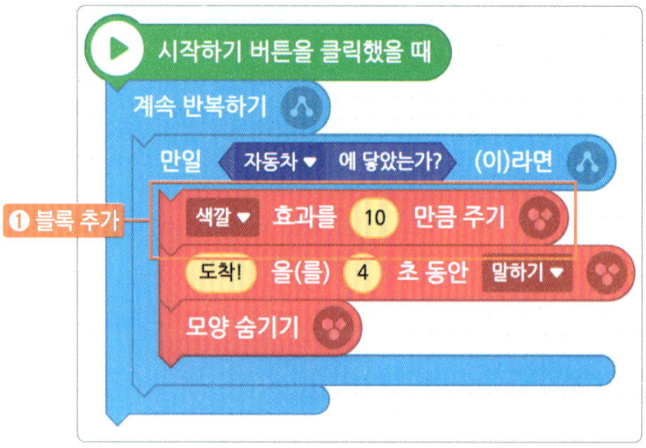

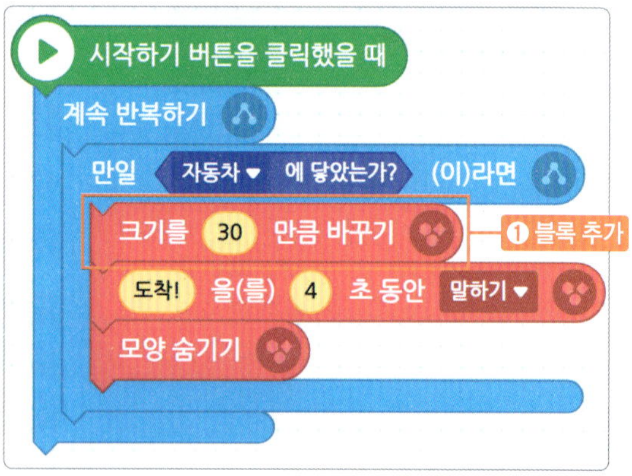

색깔 ▼ 효과를 10 만큼 주기	크기를 10 만큼 바꾸기
색깔 ▼ 효과를 100 (으)로 정하기	크기를 100 (으)로 정하기

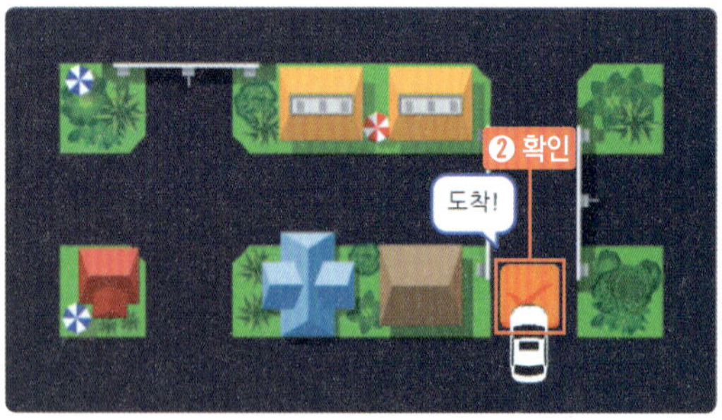

① 블록 추가

```
시작하기 버튼을 클릭했을 때
계속 반복하기
    만일  자동차 ▼  에 닿았는가?  (이)라면
        색깔 ▼ 효과를 10 만큼 주기
        도착! 을(를) 4 초 동안 말하기 ▼
        모양 숨기기
```

① 블록 추가

```
시작하기 버튼을 클릭했을 때
계속 반복하기
    만일  자동차 ▼  에 닿았는가?  (이)라면
        크기를 30 만큼 바꾸기
        도착! 을(를) 4 초 동안 말하기 ▼
        모양 숨기기
```

■ 불러올 파일 : 도로주행-2.ent　　■ 완성된 파일 : 도로주행-2(완성).ent

미션 1

[장면 2]와 [장면 3]의 [자동차] 오브젝트에 **[함수]** 꾸러미의 블록을 사용하여 [목적지]에 무사히 도착할 수 있도록 블록을 추가해요.

[장면 2]	[장면 3]

미션 2

❶ [장면 1]을 클릭하고 [목적지] 오브젝트의 `▶ 시작하기 버튼을 클릭했을 때` 블록을 마우스 오른쪽 단추를 눌러 [코드 복사하기]를 클릭해요.

❷ [장면 2]와 [장면 3]의 [목적지] 오브젝트에 마우스 오른쪽 버튼을 눌러 [붙여넣기]를 클릭해요.

❸ `대상 없음 ▼ 에 닿았는가?` 블록을 `자동차 ▼ 에 닿았는가?` 로 변경해요.

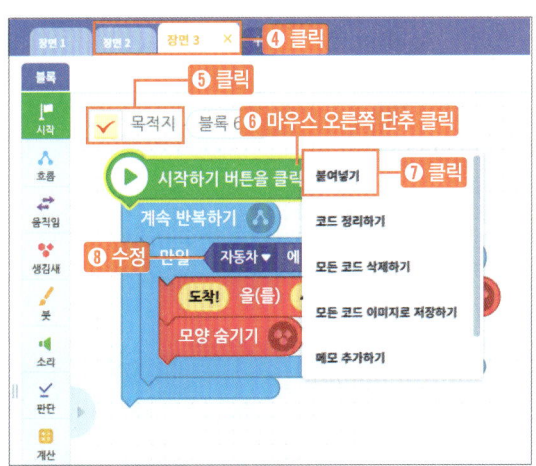

CHAPTER 06

드라이브를 떠나요!

■ 불러올 파일 : 드라이브.ent   ■ 완성된 파일 : 드라이브(완성).ent

학 습 목 표
- 오른쪽 벽에 닿을 때까지 자동차를 움직여요.
- 벽에 닿으면 다음 장면으로 이동할 수 있어요.

 **오늘 배울 내용**

드라이브 떠나기	다음 장면 이동하기

누가 맞을까?

자동차가 벽에 닿을 때까지 반복하려면 어떤 블록을 써야 할까요?

① 조건 반복 블록

② 색칠 블록

③ 노래 블록

01 자동차가 벽에 닿을 때까지 움직이기

1 엔트리(playentry.org)를 실행하고 [드라이브.ent] 파일을 열어요.

2 [자동차] 오브젝트를 선택하고 [시작하기] 버튼을 클릭했을 때 '출발~!'을 '2초' 동안 말하도록 블록을 추가해요.

[시작]- 시작하기 버튼을 클릭했을 때 ➡ [생김새]- 안녕! 을(를) 4 초 동안 말하기▼

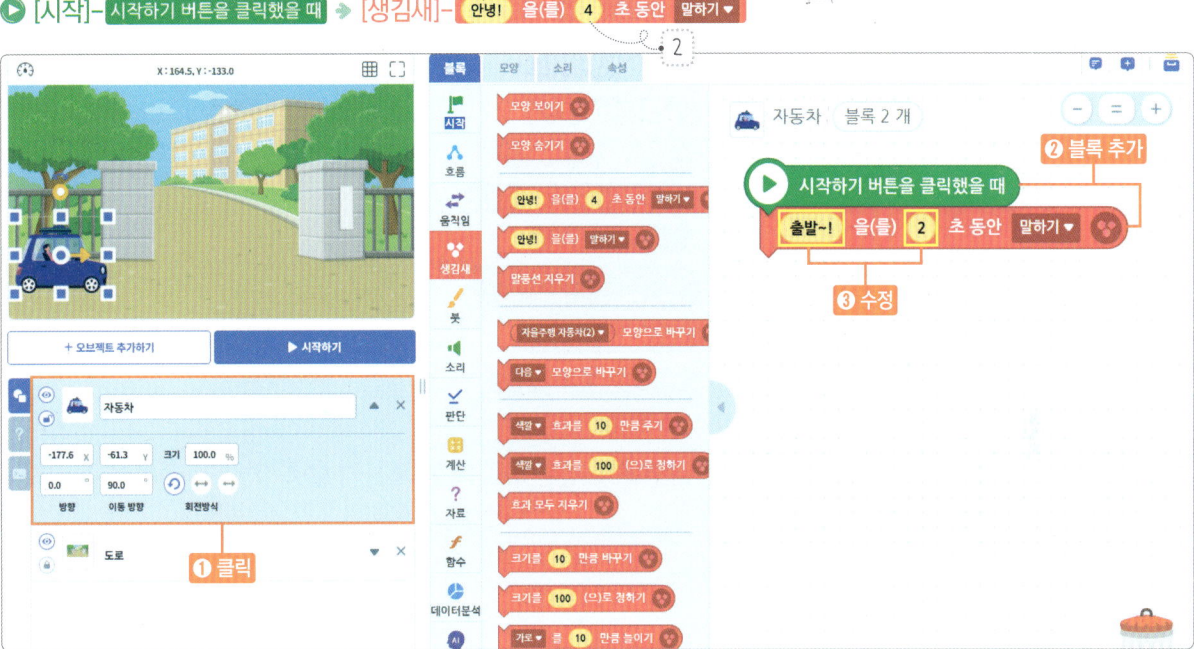

3 자동차가 오른쪽 벽에 닿을 때까지만 반복하도록 블록을 추가해요.

[흐름]- 참 이(가) 될 때까지 기다리기 ➡ [판단]- 마우스포인터▼ 에 닿았는가?

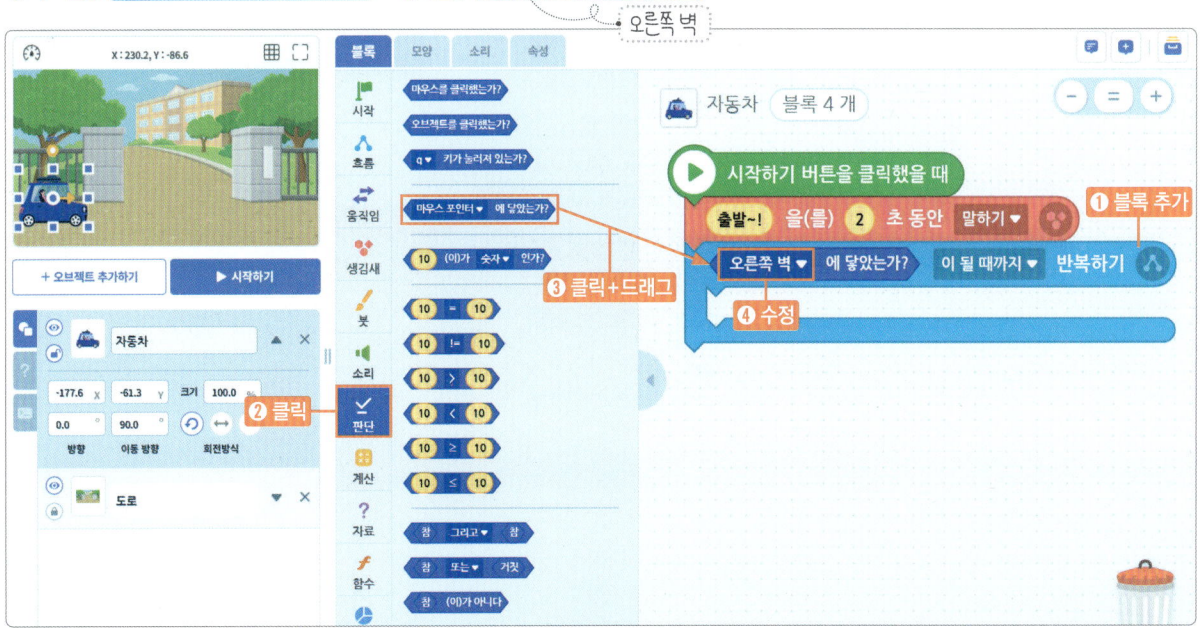

4 오른쪽 벽에 닿을 때까지 이동 방향으로 3만큼씩 반복해서 움직이도록 블록을 추가해요.

▶ [움직임]– 이동 방향으로 10 만큼 움직이기

5 자동차가 오른쪽 벽에 닿은 후 다음 장면으로 전환하도록 반복하기 블록 아래에 블록을 추가해요.

▶ [시작]– 다음 ▼ 장면 시작하기

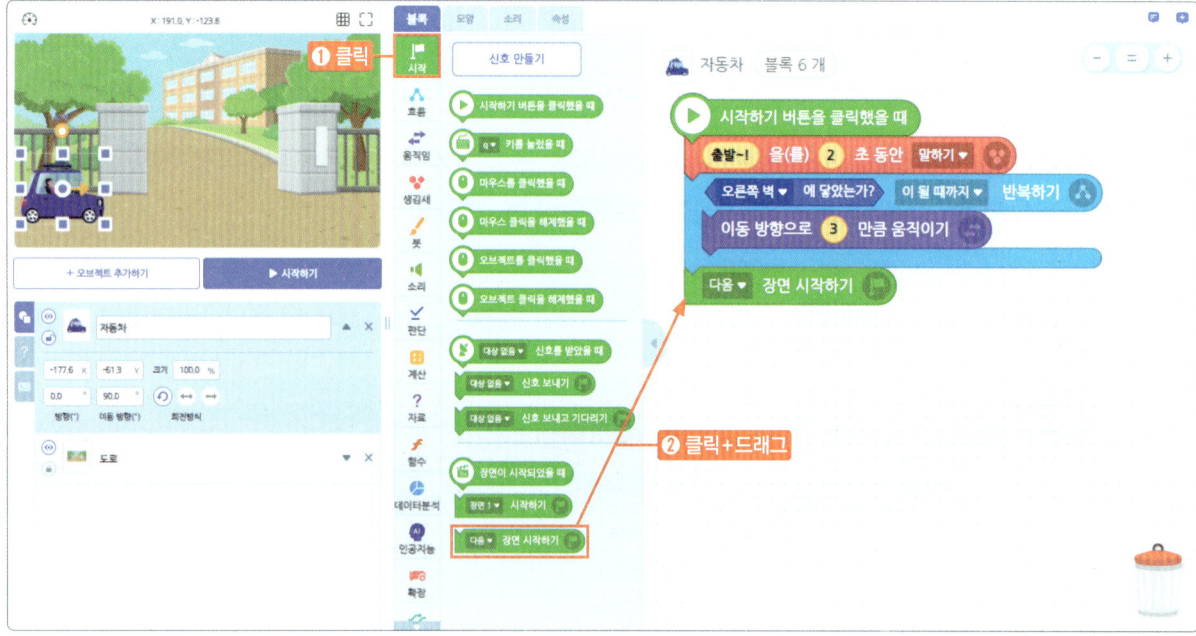

1 [장면 추가()] 단추를 클릭한 후, [장면 2]를 추가해요.

2 [장면 2]에서 [오브젝트 추가하기]-[배경] 탭을 클릭하고 [길거리(1)]을 추가해요.

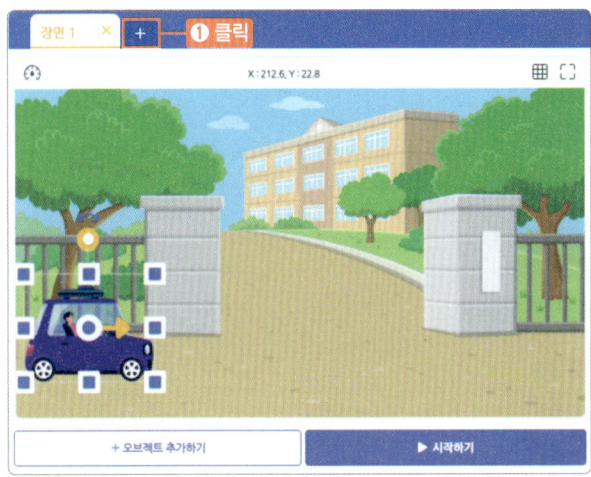 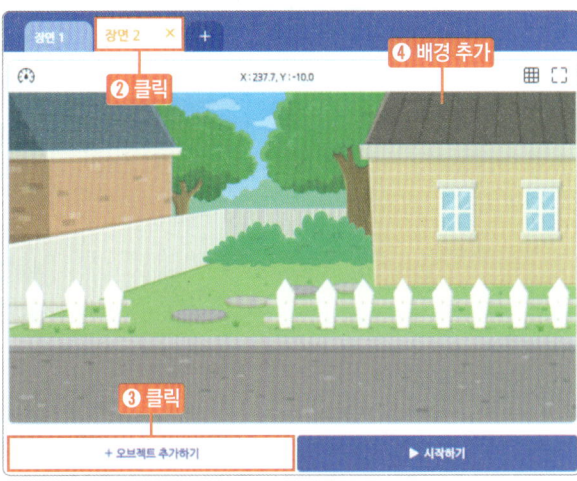

3 [장면 1]의 [자동차] 오브젝트를 복사하여 [장면 2]에 붙여 넣어요.

▶ [장면 1]-[자동차] 오브젝트 ➡ 마우스 오른쪽 단추 클릭 ➡ [복사하기] ➡ [장면 2]-[오브젝트 목록] ➡ 마우스 오른쪽 단추 클릭 ➡ [붙여넣기]

4 [장면 2]의 [자동차1] 오브젝트에서 [시작하기] 블록과 [다음 장면 시작] 블록을 삭제해요.

▶ [시작]- 시작하기 버튼을 클릭했을 때 / 다음 ▼ 장면 시작하기 ➡ 마우스 오른쪽 단추 클릭 ➡ [코드 삭제하기]

5 [장면 2]에서 장면이 시작되었을 때 블록 코드가 실행되도록 블록을 추가해요.

▶ [시작]- 장면이 시작되었을 때 ➡ 블록 위쪽에 추가

6 [장면 1]을 클릭하고 [시작하기]를 클릭했을 때 자동차가 오른쪽으로 움직이면서 오른쪽 벽에 닿으면 [장면 2]로 변경되는지 확인해요.

CHAPTER

06 도전! 엔트리

■ 불러올 파일 : 드라이브-2.ent   ■ 완성된 파일 : 드라이브-2(완성).ent

 **미션 ①**

❶ [장면 3]과 [장면 4]를 추가하고 원하는 배경으로 설정해요.

❷ [장면 2]에 있는 [자동차] 오브젝트를 복사하여 [장면 3]과 [장면 4]에 붙여 넣어요.

[장면 3]	[장면 4]

 **미션 ②**

❶ [장면 2]와 [장면 3]에 있는 [자동차]가 오른쪽 벽에 닿으면 '다음' 장면이 시작되도록 [시작] 꾸러미의 블록을 추가해요.

❷ [장면 4]에 있는 [자동차]가 오른쪽 벽에 닿으면 '도착~!'을 '2'초 동안 말하도록 [생김새] 꾸러미의 블록을 추가해요.

[장면 2], [장면 3]	[장면 4]

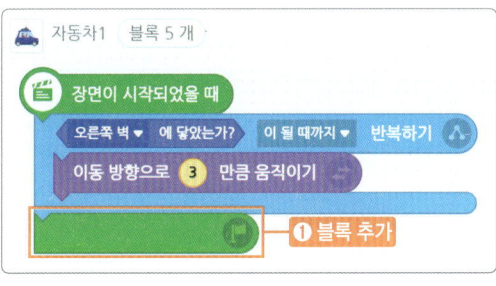 

CHAPTER 07 말하는 자동차

■ 불러올 파일 : 말하는 자동차.ent　　■ 완성된 파일 : 말하는 자동차(완성).ent

 학 습 목 표
- 버튼을 클릭하면 자동차가 인사하도록 코딩해요.
- 인공지능의 목소리를 설정할 수 있어요.

 오늘 배울 내용

말하는 자동차	목소리 설정하기
 안녕하세요	 운행을 시작합니다

누가 맞을까?

엔트리에서 텍스트로 입력한 내용을 목소리로 들려주려면 어떤 방법을 이용해야 할까요?

① 인공지능 목소리

② 오디오녹음

③ 글쓰기 자막

01 ▶ 버튼을 눌렀을 때 크기와 소리 효과 설정하기

1 엔트리(playentry.org)를 실행하고 [말하는 자동차.ent] 파일을 열어요.

2 [버튼] 오브젝트를 클릭했을 때 버튼의 크기가 작아지도록 블록을 추가해요.

▶ [시작]-**오브젝트를 클릭했을 때** ➡ [생김새]-**크기를 10 만큼 바꾸기** ➡ [흐름]-**2 초 기다리기**
　　　　　　　　　　　　　　　　　　　　　-10　　　　　　　　　　　0.1

3 두 번째 블록을 복제하여 아래에 연결해요.

▶ 두 번째 블록에서 마우스 오른쪽 단추 클릭 ➡ [코드 복제하기] ➡ 블록 연결 ➡ 크기 수정

4 [버튼] 오브젝트를 클릭했을 때 소리가 들리도록 코드를 추가해요.

▶ [소리]- 소리 성공선택음13 ▼ 재생하기

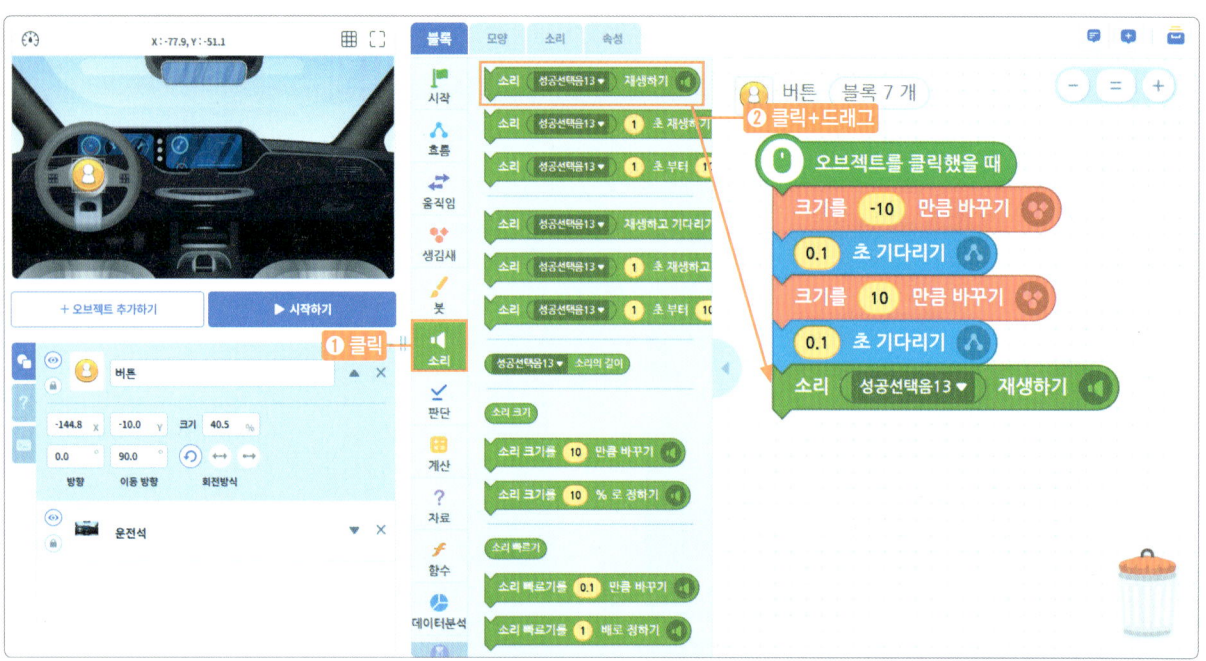

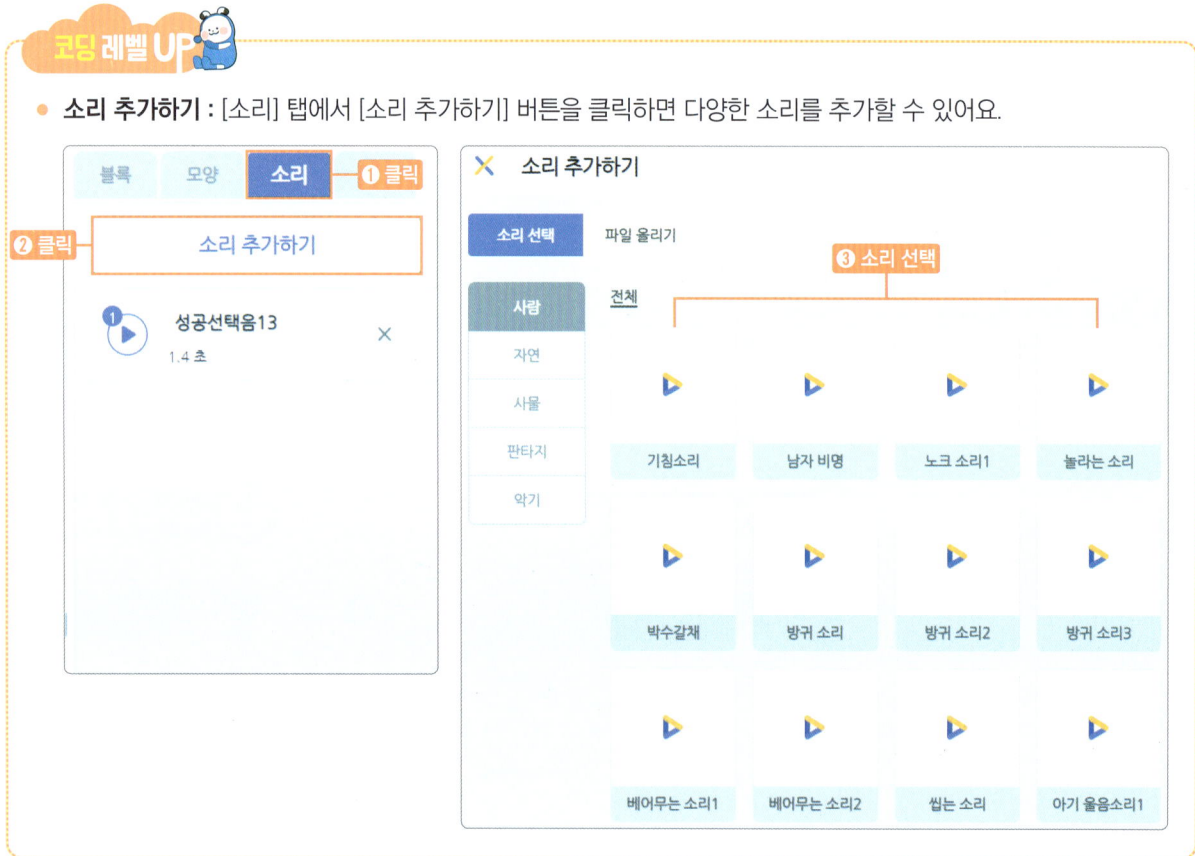

코딩 레벨 UP

● 소리 추가하기 : [소리] 탭에서 [소리 추가하기] 버튼을 클릭하면 다양한 소리를 추가할 수 있어요.

02 인공지능 목소리 추가하기

1 '안녕하세요'를 목소리와 말풍선으로 나오도록 블록을 추가해요.

▶ [인공지능]- 엔트리 읽어주기 ➡ [생김새]- 안녕! 을(를) 4 초 동안 말하기▼

안녕하세요

2 같은 방법으로 인공지능 목소리와 말풍선이 보이도록 블록을 복제하여 아래에 추가해요.

▶ 마우스 오른쪽 단추 클릭 ➡ [코드 복제하기] ➡ 블록 연결 및 수정

1 키보드의 **1** 키를 눌렀을 때 남성의 목소리가 들리도록 블록을 추가해요.

▶ [시작]-**q▼ 키를 눌렀을 때** ➡ [인공지능]-**여성▼ 목소리를 보통▼ 속도 보통▼ 음높이로 설정하기**

---

2 인공지능 목소리와 말풍선으로 목소리 변경에 대해 알려주도록 블록을 추가해요.

> 목소리를 변경합니다

▶ [인공지능]-**엔트리 읽어주기** ➡ [생김새]-**안녕! 을(를) 4 초 동안 말하기▼**

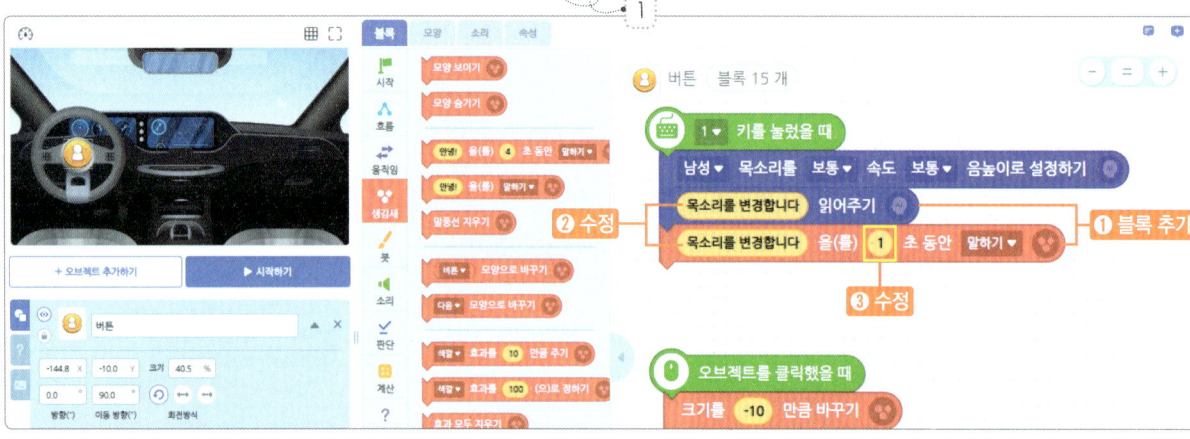

코딩 레벨 UP

● 숫자에 따라 다른 목소리로 변경되도록 블록을 복제하고 내용을 수정해요.

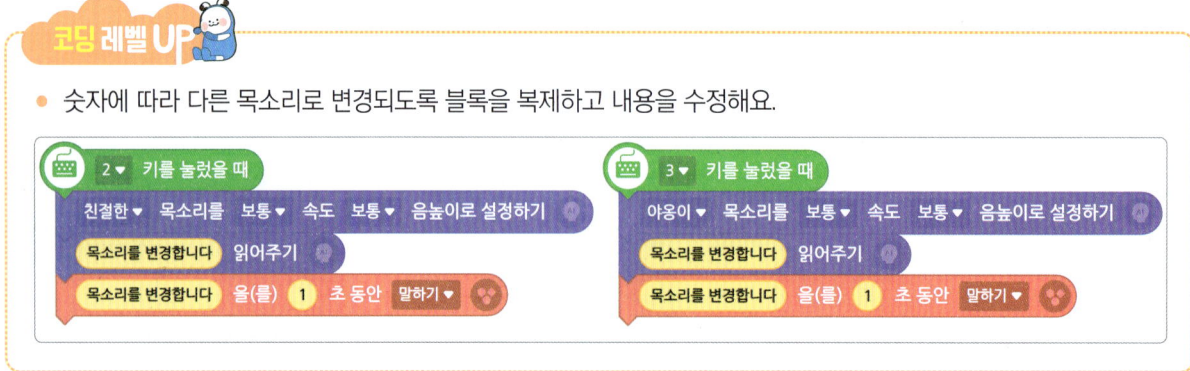

---

3 [시작하기]를 클릭하고 [버튼] 오브젝트를 눌렀을 때 버튼의 크기가 변경되면서 음성 안내가 나오는지 확인해요.

■ 불러올 파일 : 말하는 자동차-2.ent ■ 완성된 파일 : 말하는 자동차-2(완성).ent

미션 1

[자동차] 오브젝트를 클릭하고 오른쪽 벽에 닿을 때까지 **이동 방향으로 '1' 만큼 움직이도록** [움직임] 블록을 추가해요.

미션 2

[어린이 보호구역] 신호를 받았을 때, '**어린이 보호구역입니다**', '**안전 운전하세요**'를 '**2**'초 동안 말하도록 **[인공지능]**과 **[생김새]** 블록을 추가해요.

CHAPTER 08 신호등 설정하기

■ 불러올 파일 : 신호등.ent ■ 완성된 파일 : 신호등(완성).ent

 **학습목표**
- 신호등의 색깔이 반복하여 변경되도록 코딩해요.
- 신호를 안내하는 AI 로봇을 코딩해요.

 **오늘 배울 내용**

신호등 설정하기	AI 로봇 설정하기

누가 맞을까?

신호등이 빨간불이면 로봇은 뭐라고 알려줘야 할까요?

① 멈추세요   ② 빨리 가세요   ③ 노래하세요

1 엔트리(playentry.org)를 실행하고 [신호등.ent] 파일을 열어요.

2 [신호등1] 오브젝트를 클릭하고 [시작하기] 버튼을 클릭했을 때 계속 반복하도록 블록을 추가해요.

▶ [시작]- 시작하기 버튼을 클릭했을 때 ➡ [흐름]- 계속 반복하기

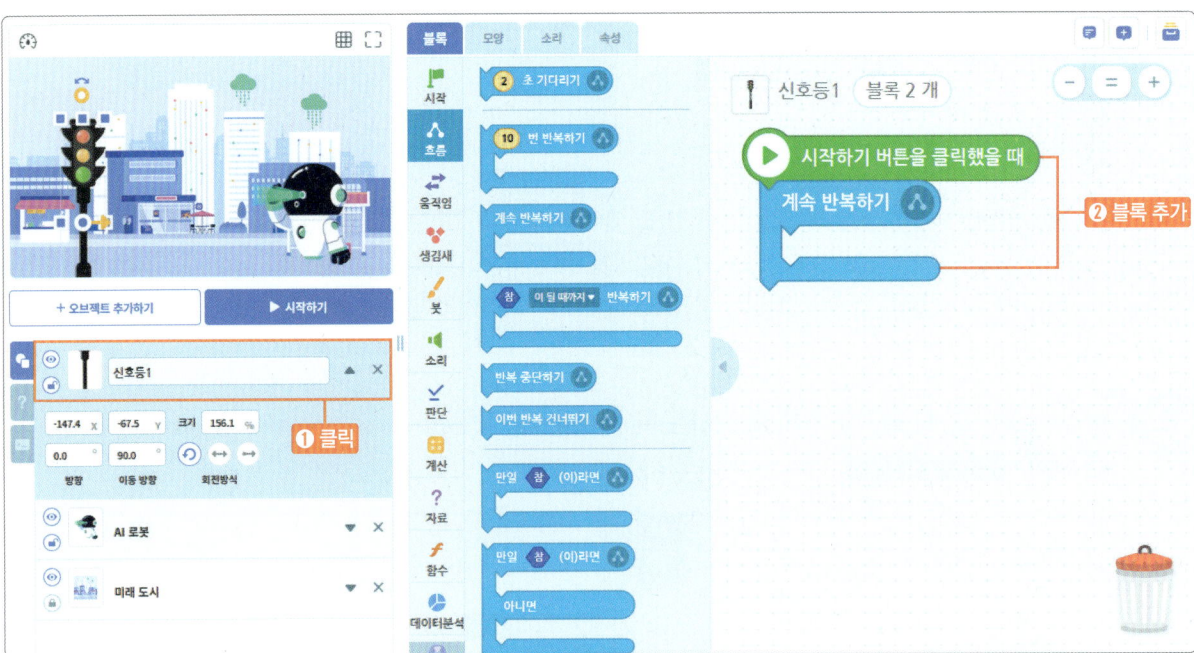

3 신호등 모양이 빨간색, 노란색, 초록색이 순서대로 바뀌도록 블록을 추가해요.

▶ [생김새]- 모양1 ▼ 모양으로 바꾸기 ➡ [빨간], [노란], [초록] 모양으로 변경

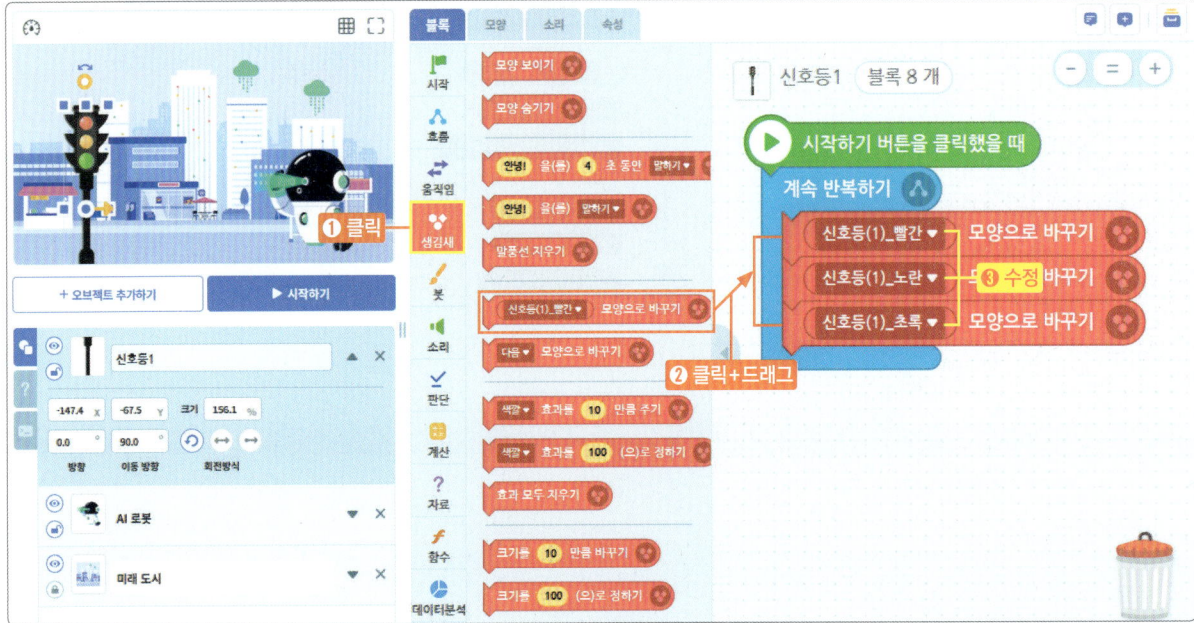

4 신호등의 색이 변경될 때마다 2초 기다리도록 블록을 추가해요.

▶ [흐름]- **2** 초 기다리기

5 빨간색 모양일 때 빨간불 신호를 보내도록 블록을 추가해요.

▶ [시작]- 신호 ▼ 신호 보내기
빨간불

6 초록색 모양일 때 초록불 신호를 보내도록 블록을 추가해요.

▶ [시작]- 신호 ▾ 신호 보내기

초록불

✋ **여기서 잠깐!**

● **신호 보내기란?** '지휘자' 같은 역할을 해요. 신호를 보내면 다른 오브젝트가 신호를 보고 행동을 시작해요.

02 신호를 안내하는 AI 로봇 설정하기

1 [AI 로봇] 오브젝트를 선택하고 빨간불 신호를 받았을 때 블록을 추가해요.

▶ [시작]– 신호 ▼ 신호를 받았을 때
빨간불

2 빨간불 신호를 받았을 때 AI로봇이 정지 모양으로 변경되면서 '멈추세요!'를 '1초' 동안 말하도록 블록을 추가해요.
소놀 AI 로봇_정지   멈추세요!

▶ [생김새]– 모양1 ▼ 모양으로 바꾸기 ➡ 안녕! 을(를) 4 초 동안 ⋯ 1

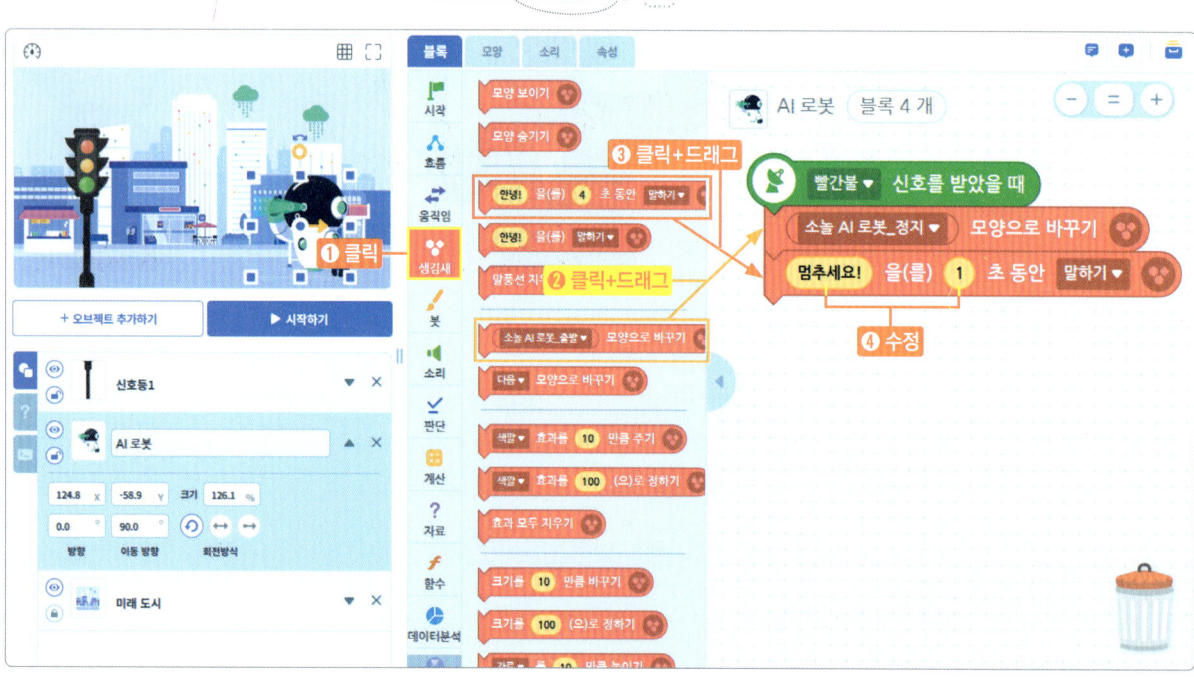

3 첫번째 블록을 복제한 다음 신호 및 모양, 말풍선을 수정해요.

▶ [초록불] 신호를 받았을 때 [출발] 모양으로 바꾸고 '출발하세요'를 '1'초 동안 말하기

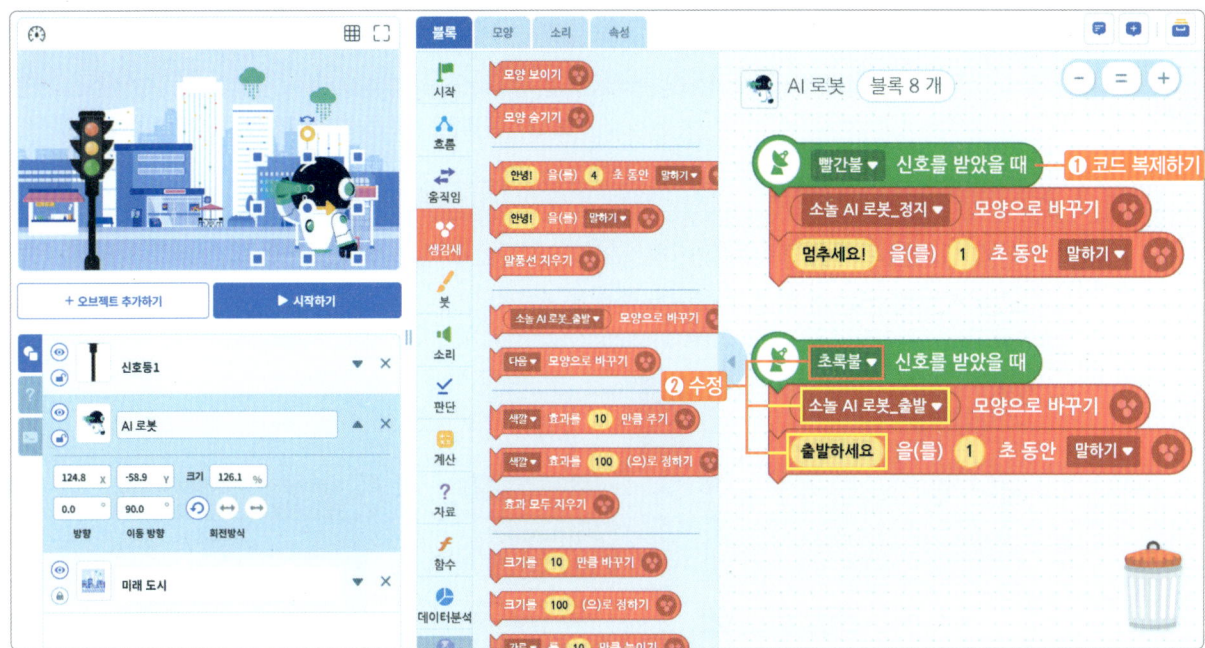

4 [시작하기]를 클릭했을 때 신호등의 모양이 [빨간], [노랑], [초록] 모양으로 변경되는지 확인하고, 빨간불일 때와 초록불일 때 [AI 로봇]의 모양이 변경되는지 확인해요.

■ 불러올 파일 : 신호등-2.ent   ■ 완성된 파일 : 신호등-2(완성).ent

미션 ①

[신호등] 오브젝트를 클릭하고 신호등의 모양이 [초록] 모양이면 [초록불] 신호를 보내고, [빨강] 모양이면 [빨간불] 신호를 보내도록 블록을 추가해요.

미션 ②

[자동차 탄 엔트리봇] 오브젝트를 클릭하고 [초록불] 신호를 받았을 때 움직이고, [빨간불] 신호를 받았을 때 멈출 수 있도록 블록을 추가해요.

경찰차 순찰하기

■ 불러올 파일 : 순찰하기.ent   ■ 완성된 파일 : 순찰하기(완성).ent

 **학 습 목 표**
- 경찰차가 마을을 계속 순찰하도록 코딩해요.
- 경찰차 앞에 센서를 작동 시킬 수 있어요.

 **오늘 배울 내용**

경찰차 순찰하기	센서 작동하기

경찰차가 순찰할 때 주변을 확인하기 위해서는 자동차에 무엇이 필요할까요?

누가 맞을까?

① 센서   ② 깃발   ③ 도시락

01 경찰차로 마을 순찰하기

1 엔트리(playentry.org)를 실행하고 [순찰하기.ent] 파일을 열어요.

2 [경찰차] 오브젝트에서 [시작하기]를 클릭했을 때 '자동 순찰을 시작합니다.'를 '2초' 동안 말하도록 블록을 추가해요.

자동 순찰을 시작합니다

▶ [시작]- 시작하기 버튼을 클릭했을 때 ➡ [생김새]- 안녕! 을(를) 4 초 동안 말하기▼

2

3 자동차가 벽에 닿을 때까지만 반복하도록 조건 블록을 추가해요.

▶ [흐름]- 참 이 될 때까지▼ 반복하기 ➡ [판단]- 마우스포인터 ▼ 에 닿았는가? 블록 끼우기

벽

4 벽에 닿을 때까지 반복하여 이동 방향으로 3만큼 움직이도록 블록을 추가해요.

▶ [움직임]– 이동 방향으로 10 만큼 움직이기 ⟶ 3

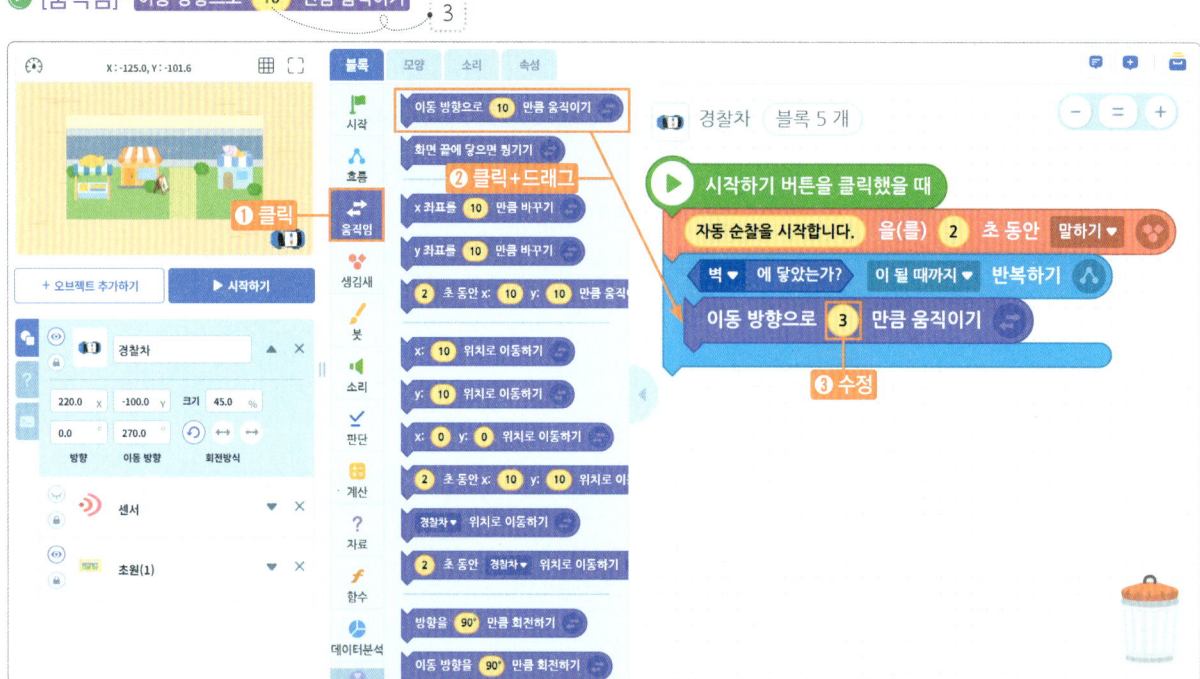

5 벽에 닿은 후 0.5초 동안 90도 회전하도록 블록을 추가해요.

▶ [움직임]– 2 초 동안 방향을 90° 만큼 회전하기 ⟶ 0.5

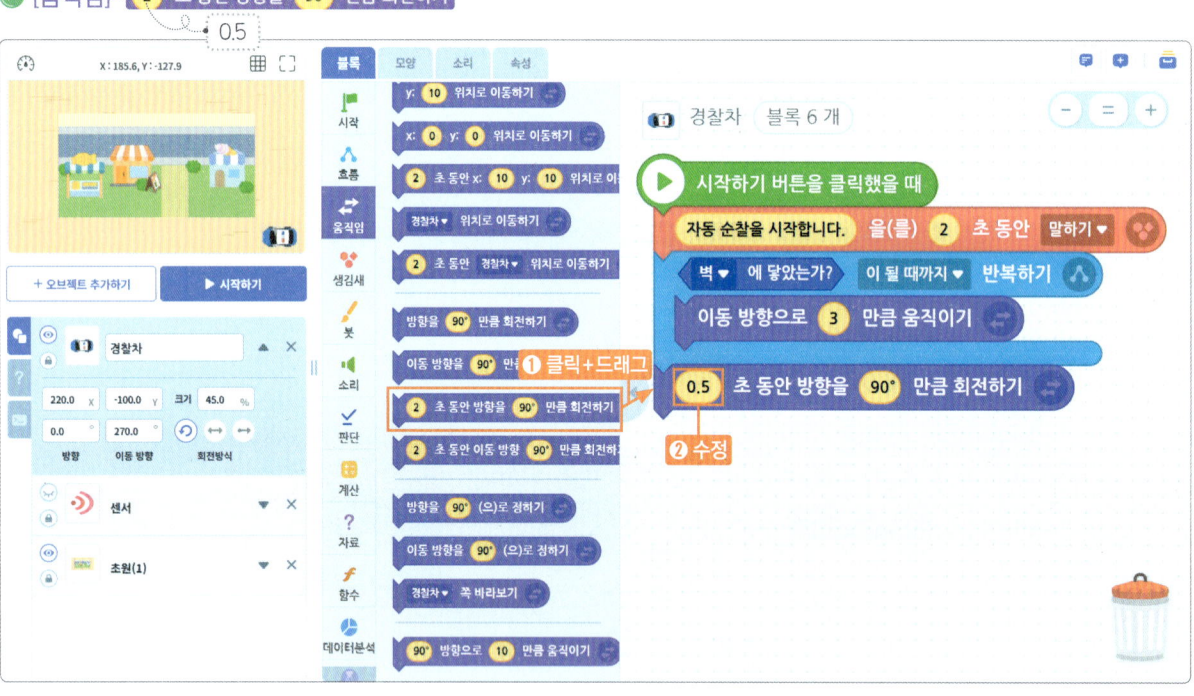

6 경찰차가 마을을 계속 반복하여 순찰할 수 있도록 계속 반복하기 블록을 묶음 안에 끼워넣어요.

▶ [흐름]- 계속 반복하기 블록 끼우기

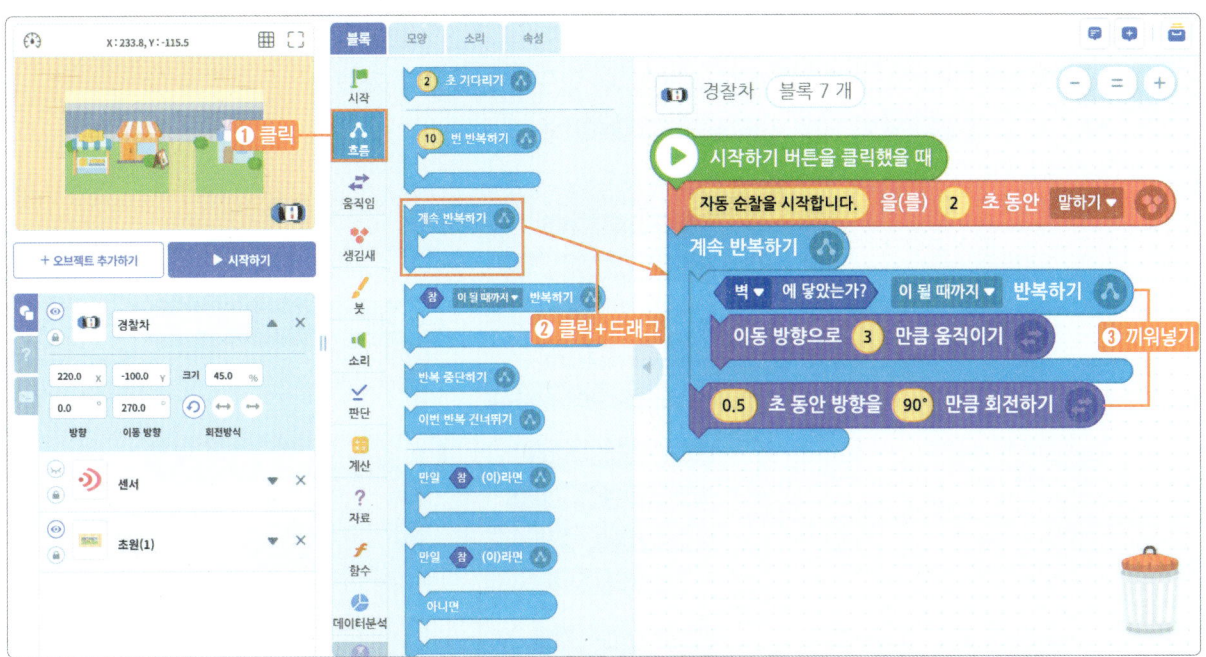

✋ **여기서 잠깐!**

● 이동 방향과 방향의 차이

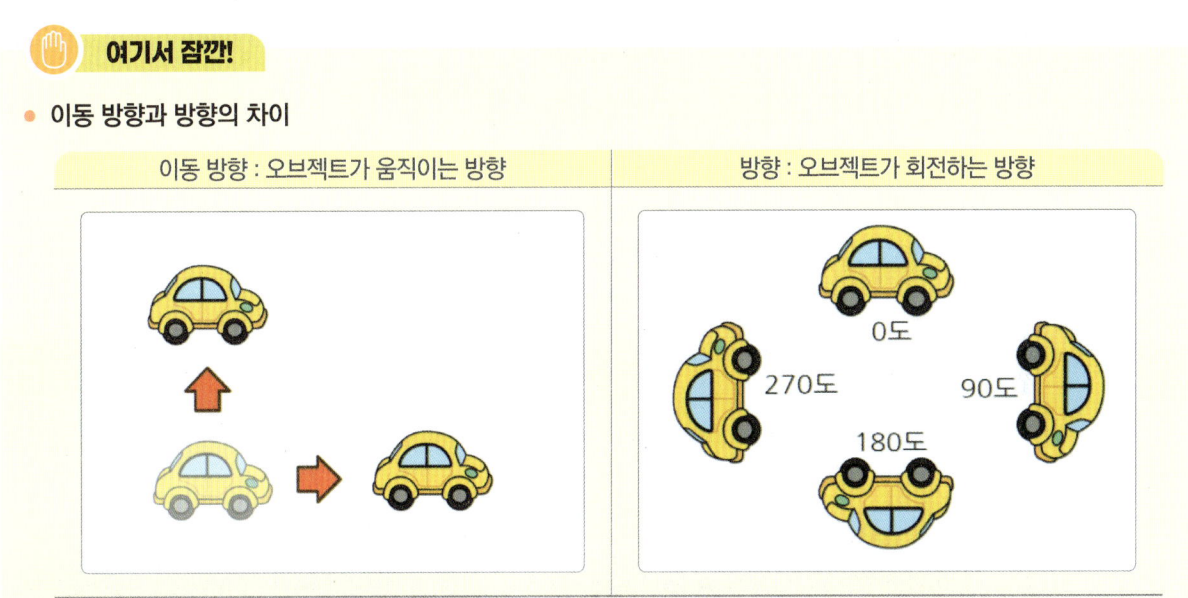

| 이동 방향 : 오브젝트가 움직이는 방향 | 방향 : 오브젝트가 회전하는 방향 |

02 경찰차 앞 센서 작동하기

1 [센서] 오브젝트가 [경찰차]와 함께 이동할 수 있도록 블록을 추가해요.

▶ [움직임]- 엔트리봇 ▼ 쪽 바라보기 ➡ 엔트리봇 ▼ 위치로 이동하기
　　　　　　　　　　경찰차

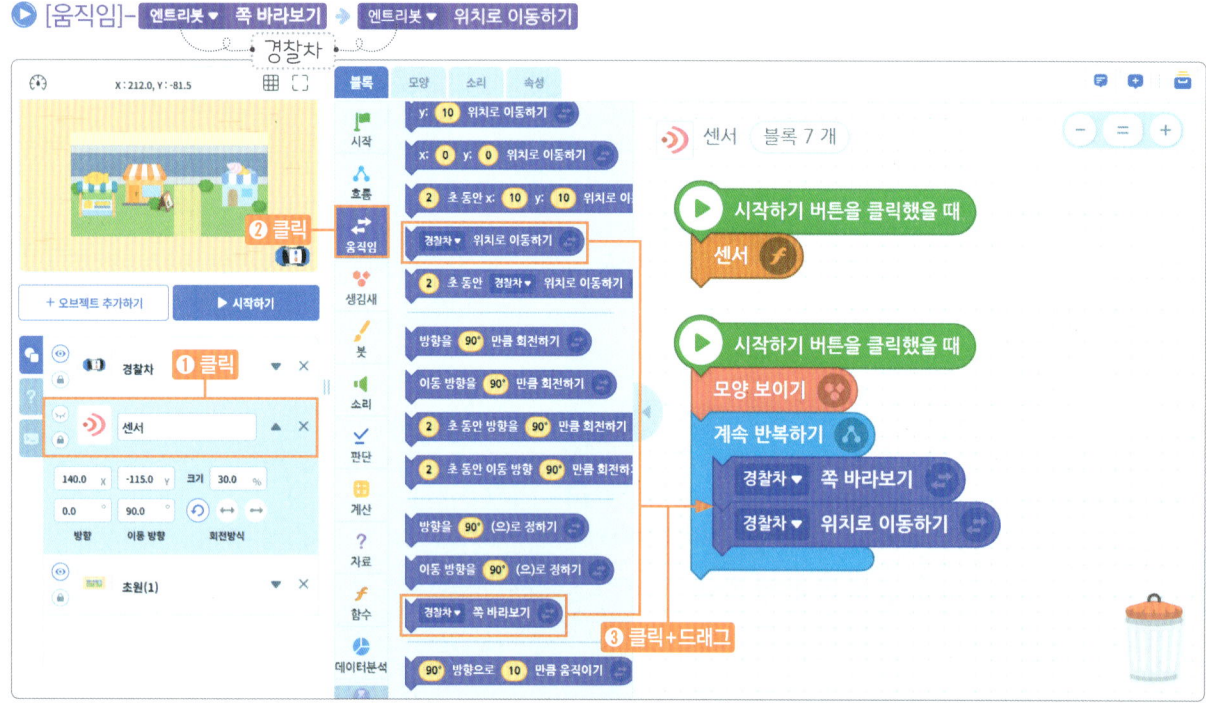

2 [시작하기]를 클릭하고 [경찰차]와 [센서]의 모양과 위치를 확인해요.

[시작하기]를 클릭했을 때

자동 순찰을 시작합니다.

[벽]에 닿았을 때

CHAPTER 09 도전! 엔트리

■ 불러올 파일 : 순찰하기-2.ent   ■ 완성된 파일 : 순찰하기-2(완성).ent

 **미션 1**

❶ [로켓] 오브젝트를 클릭하고 '0.1'초 동안 방향을 '90°'만큼 회전하도록 블록을 추가해요.

❷ [시작하기]를 클릭했을 때 로켓이 움직이는 방향을 따라가면 어떤 도형이 완성되나요?

    (1) 사각형   (2) 삼각형   (3) 육각형

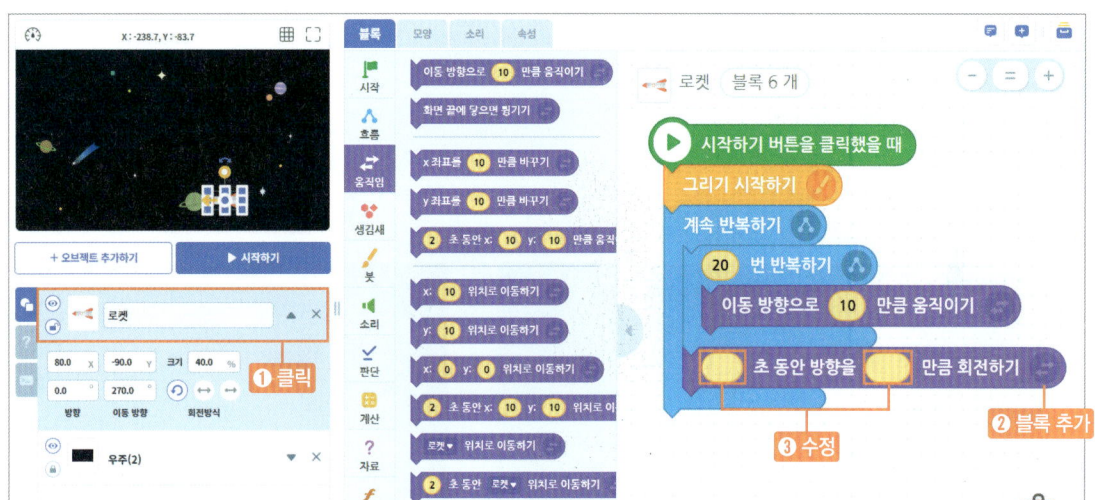

미션 2

❶ `2 초 동안 방향을 90° 만큼 회전하기` 블록의 각도를 변경해서 로켓이 삼각형 모양으로 이동하려면 각도를 몇으로 설정할까요?

    (1) 60   (2) 120   (3) 180

 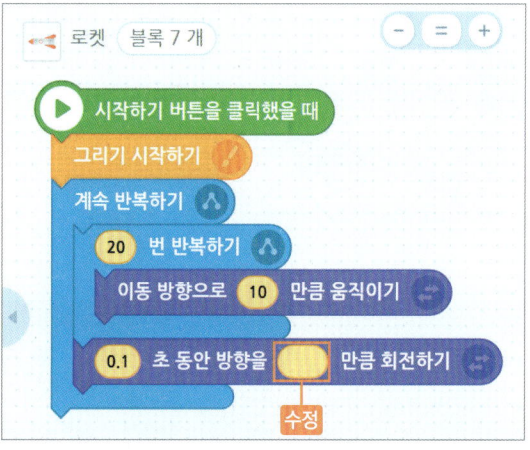

전기 자동차 충전하기

■ 불러올 파일 : 전기차 충전.ent　　■ 완성된 파일 : 전기차 충전(완성).ent

 학 습 목 표

■ 배터리를 클릭해서 자동차를 충전해요.

■ 출발 신호를 받으면 자동차가 출발해요.

 오늘 배울 내용

배터리 충전하기	출발 신호를 받으면 자동차 출발하기

 누가 맞을까?

전기자동차가 달리려면 꼭 필요한 것은 무엇일까요?

① 기름　　　② 전기 충전　　　③ 바람

01 배터리 오브젝트를 클릭하면 자동차 충전하기

1 엔트리(playentry.org)를 실행하고 [전기차 충전.ent] 파일을 열어요.

2 [배터리] 오브젝트를 클릭했을 때 충전 변수에 1만큼 더하도록 블록을 추가해요.

▶ [시작]-오브젝트를 클릭했을 때 ➡ [자료]-변수 ▼ 에 10 만큼 더하기 ···1

코딩 레벨 UP

- 변수란? 배터리의 값을 저장할 공간을 의미해요.
- **변수 만들기 :** [블록] 탭의 [자료]-[변수 만들기] 버튼을 클릭하거나, [속성] 탭의 [변수]-[변수 추가하기]를 클릭해요.

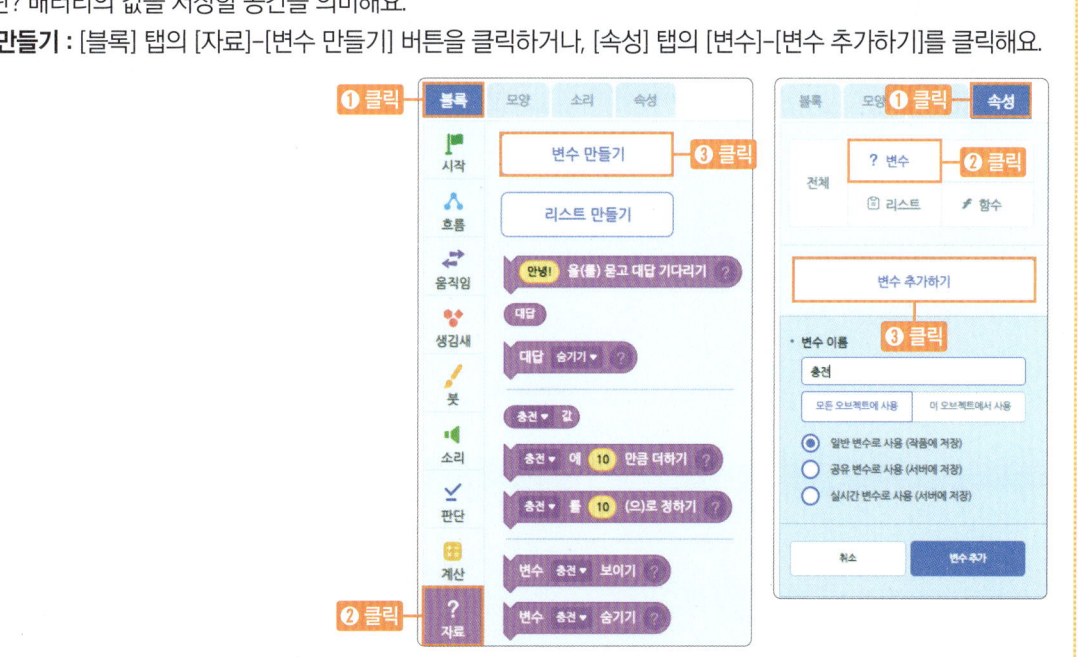

3 밝기 효과를 10으로 정하도록 블록을 추가해요.

▶ [생김새]– 색깔 ▼ 효과를 100 (으)로 정하기
　　　　　밝기　　　　　10

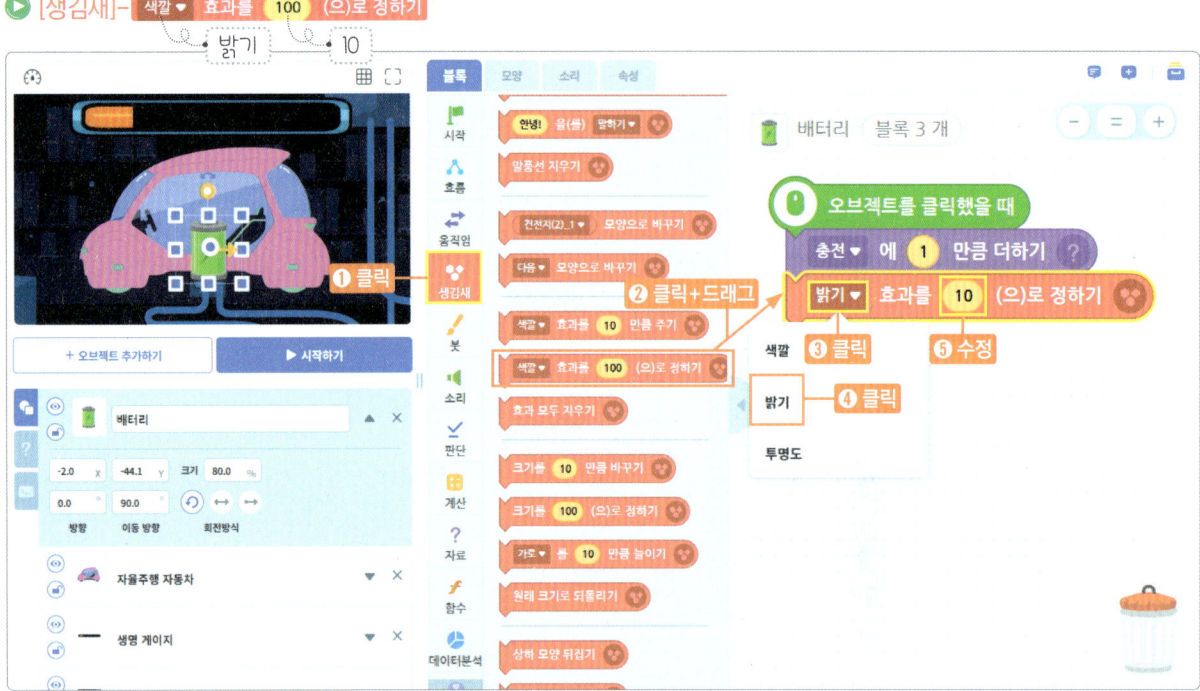

4 0.1초를 기다렸다가 효과를 모두 지우고 원래의 밝기로 돌아오도록 블록을 추가해요.

▶ [흐름]– 2 초 기다리기 ➡ [생김새]– 효과 모두 지우기
　　　　 0.1

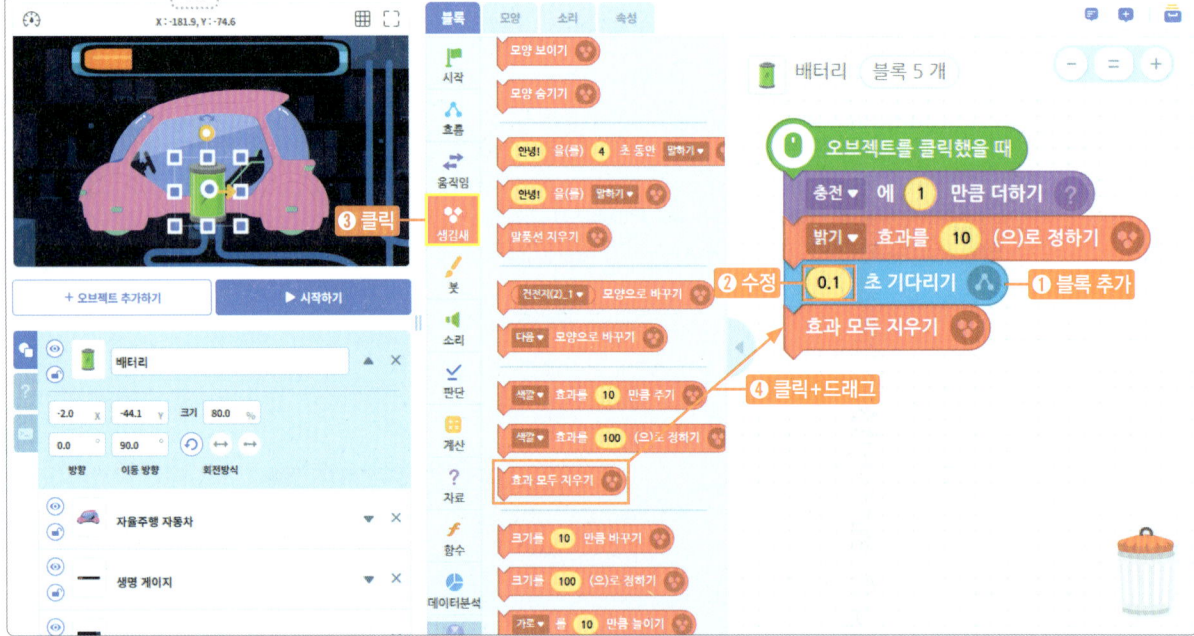

- [생김새] 꾸러미의 다른 효과(색깔/크기)를 사용해서 클릭하는 효과를 바꾸어보아요.

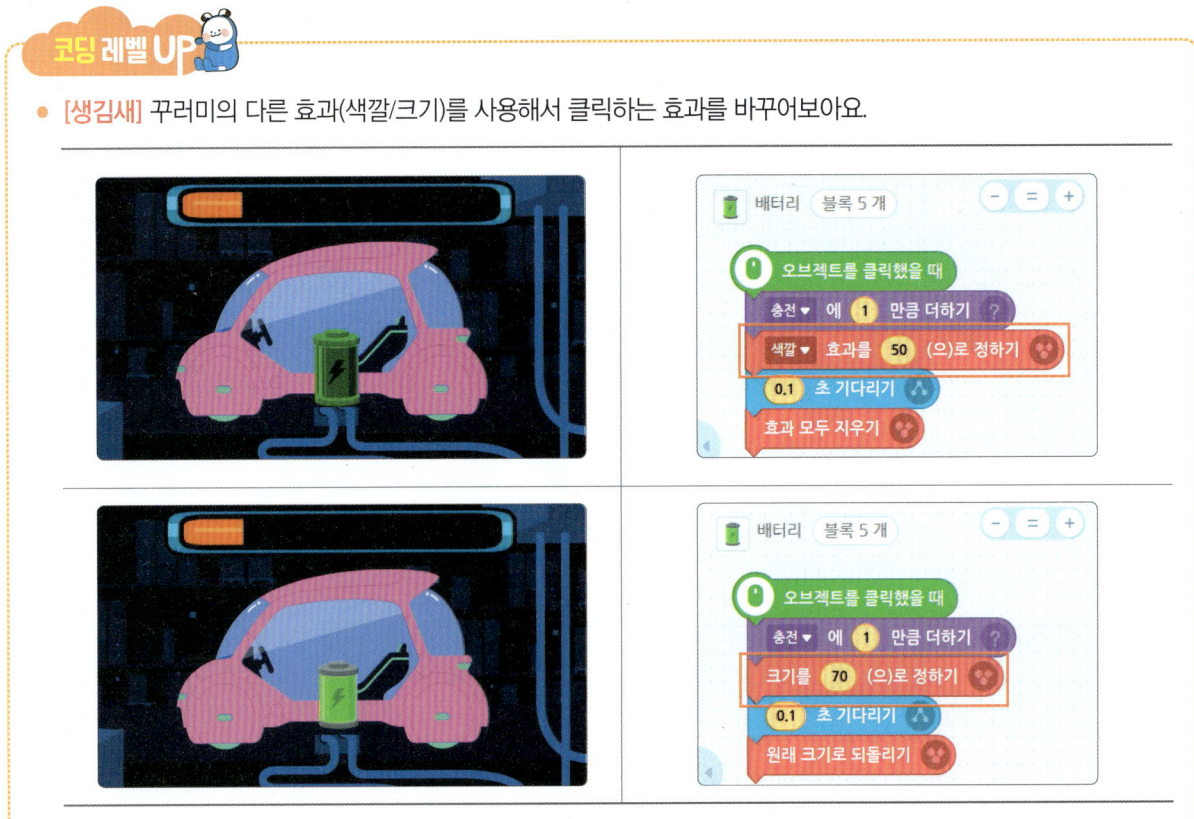

02 충전이 완료되면 자동차 출발하기

① [자율주행 자동차] 오브젝트에서 '출발' 신호를 받았을 때 '충전완료!'를 '2초' 동안 말하고 이동 방향으로 10만큼 움직이도록 블록을 추가해요.

[시작하기]를 클릭하고 배터리를 계속해서 클릭하면 배터리가 충전돼요.

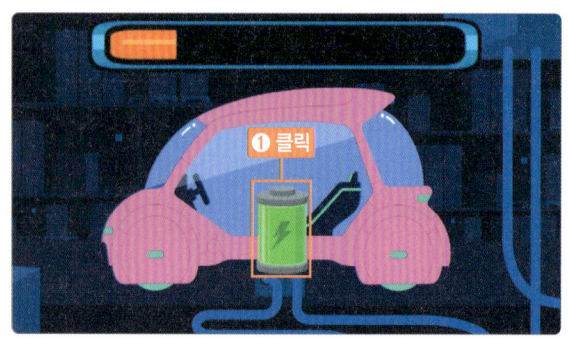

배터리 0%

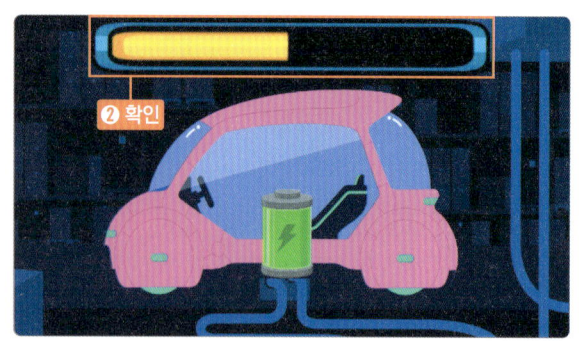

배터리 50% (배터리 5번 클릭)

배터리 100% (배터리 10번 클릭)

충전 완료!

■ 불러올 파일 : 전기차 충전-2.ent   ■ 완성된 파일 : 전기차 충전-2(완성).ent

미션 1

[에너지] 오브젝트를 클릭했을 때 [충전] 변수에 1만큼 더하도록 [시작]과 [자료] 블록을 추가해요.

미션 2

[생김새] 꾸러미의 [색깔▼ 효과를 100 (으)로 정하기] 블록을 추가해 [투명도] 효과를 100으로 설정하고 1초 후에 모든 효과가 사라지도록 블록을 추가해요.

CHAPTER 11 하늘에서 배터리가 떨어져요-1

📁 **불러올 파일 :** 전기 자동차.ent   📁 **완성된 파일 :** 전기 자동차(완성).ent

 **학습목표**
- 자동차의 모양을 좌우로 반전해요.
- 키보드 방향키로 자동차를 좌우로 이동해요.

 **오늘 배울 내용**

모양 반전하기	좌우 이동하기

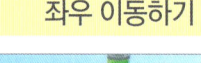

누가 맞을까?

자동차 그림을 좌우 반전하면 어떤 변화가 있을까요?

① 바퀴가 사라진다

② 거울처럼 뒤집힌다

③ 색깔이 변한다

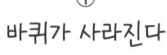

01 자동차의 모양을 좌우 대칭하여 저장하기

1 엔트리(playentry.org)를 실행하고 [전기 자동차.ent] 파일을 열어요.

2 [전기자동차] 오브젝트의 모양을 좌우 반전으로 변경해요.

▶ [모양] 탭에서 [전기자동차_왼쪽] 모양을 선택 ➡ [반전]-[좌우대칭]

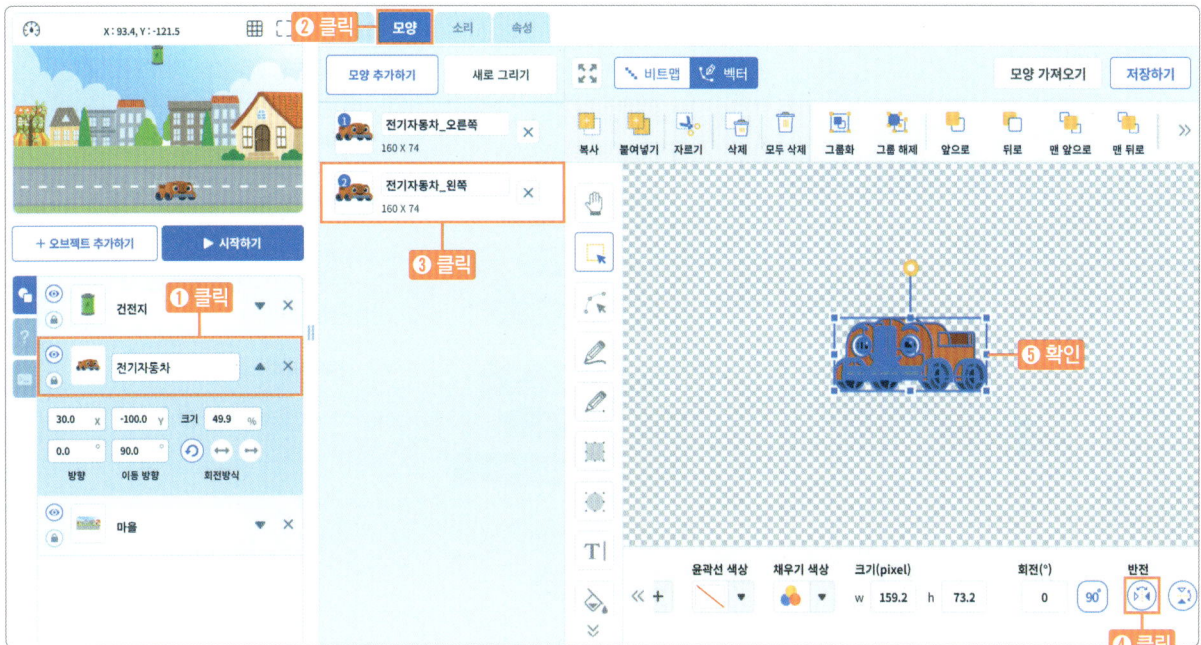

3 방향이 왼쪽으로 변경되었으면 [저장하기]를 클릭해요.

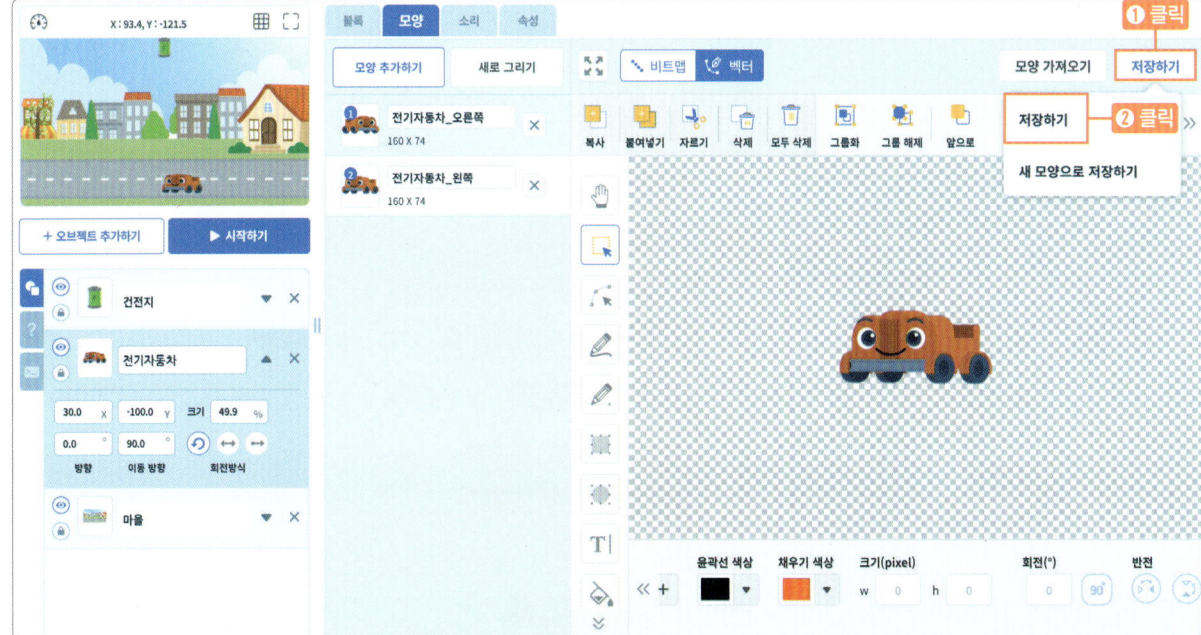

02 키보드 방향키로 자동차 움직하기

1 [전기자동차] 오브젝트에서 오른쪽 화살표 키를 눌렀을 때 명령이 실행되도록 블록을 추가해요.

▶ [시작]- q ▼ 키를 눌렀을 때
　　　　　 • 오른쪽 화살표

2 오른쪽 화살표 키를 눌렀을 때 전기자동차의 오른쪽 방향이 자동차 앞이 되도록 블록을 추가해요.

▶ [생김새]- 모양1 ▼ 모양으로 바꾸기
　　　　　 • 전기자동차_오른쪽

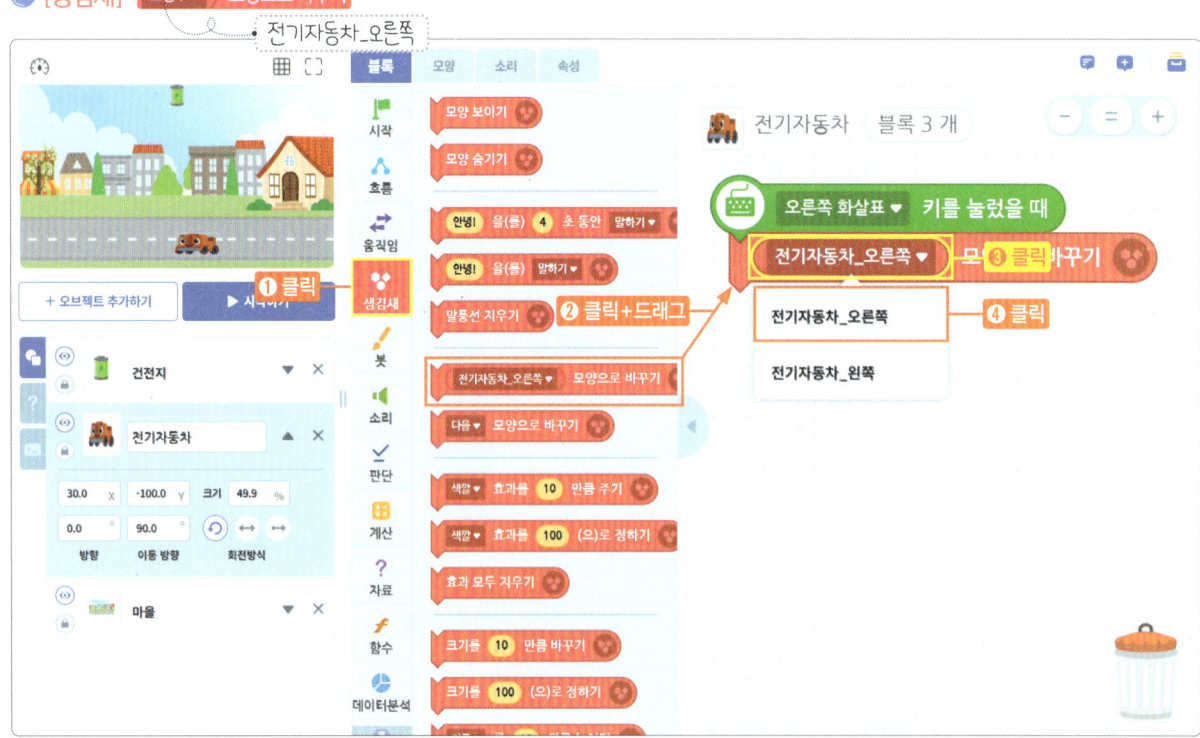

3 좌표를 이용하여 오른쪽 방향으로 10만큼 이동하도록 블록을 추가해요.

▶ [움직임]- x 좌표를 10 만큼 바꾸기

👋 **여기서 잠깐!**

좌표가 뭐예요?

● 가로(왼쪽↔오른쪽)은 x 좌표, 세로(아래↕위)는 y 좌표로 내 위치를 숫자로 나타내는 방법이에요.

● x 좌표를 10 만큼 바꾸기 : x좌푯값이 양수이면 오른쪽, 음수이면 왼쪽으로 이동해요.

● y 좌표를 10 만큼 바꾸기 : y좌푯값이 양수이면 위쪽, 음수이면 아래쪽으로 이동해요.

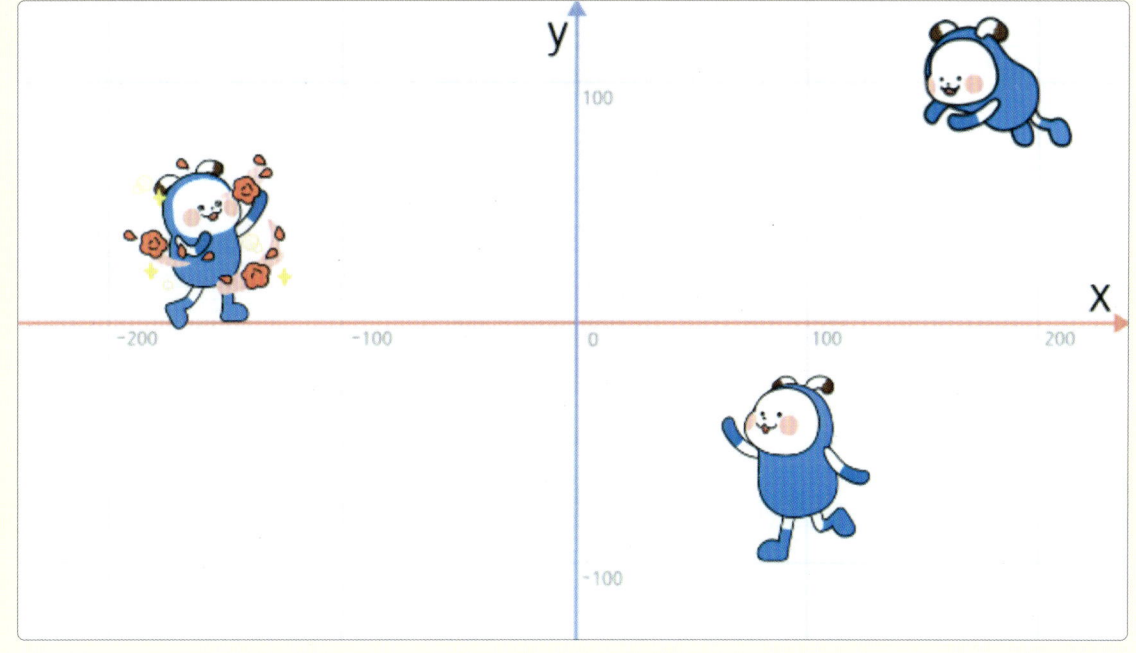

4 첫 번째 블록에서 마우스 오른쪽을 클릭하고 [코드 복제하기]를 클릭해요.

5 코드가 복제되면 왼쪽 화살표 키를 눌렀을 때 왼쪽 방향을 보고 왼쪽으로 이동하도록 블록을 수정해요.

6 [시작하기]를 클릭하고 키보드의 ← 키와 → 키를 눌러서 자동차를 움직여보고 방향에 맞춰 자동차가 이동하는지 확인해요.

11 도전!

■ 불러올 파일 : 전기 자동차-2.ent   ■ 완성된 파일 : 전기 자동차-2(완성).ent

미션 1

① [수레 엔트리봇] 오브젝트를 선택하고 [모양] 탭에서 [수레 왼쪽]을 클릭해요.

② [반전]-[좌우 반전(◉)]을 클릭해서 왼쪽을 바라보도록 수정하고 [저장하기]를 클릭해요.

미션 2

① ← 키를 눌렀을 때, 왼쪽으로 10만큼 움직이면서 [수레_왼쪽] 모양으로 바꾸도록 설정해요.

② → 키를 눌렀을 때, 오른쪽으로 10만큼 움직이면서 [수레_오른쪽] 모양으로 바꾸도록 설정해요.

CHAPTER 12 하늘에서 배터리가 떨어져요-2

■ 불러올 파일 : 하늘 배터리.ent   ■ 완성된 파일 : 하늘 배터리(완성).ent

학 습 목 표
- 변수로 점수를 표현해요.
- 배터리에 닿으면 점수가 더해지도록 설정해요.

오늘 배울 내용

하늘에서 배터리가 떨어져요	점수 설정하기

누가 맞을까?

전기 자동차에서 전기를 모아놓는 곳은 무엇일까요?

① 타이어   ② 트렁크   ③ 배터리

01 ▶ 하늘에서 배터리가 떨어지도록 코딩하기

1 엔트리(playentry.org)를 실행하고 [하늘 배터리.ent] 파일을 열어요.

2 [배터리] 오브젝트에서 시작하기를 클릭했을 때 조건이 될때까지 계속 반복하도록 블록을 추가해요.

▶ [시작]– 시작하기 버튼을 클릭했을 때 ➡ [흐름]– 계속 반복하기, 참 이 될 때까지 ▼ 반복하기 ➡ [판단]– 마우스포인터 ▼ 에 닿았는가?

3 아래쪽 벽에 닿을때까지 반복하여 y 좌표를 −3만큼 바꾸면서 아래로 떨어지도록 블록을 추가해요.

▶ [움직임]– y 좌표를 10 만큼 바꾸기
　　　　　　　　　　 −3

4 배터리가 떨어지는 위치를 변경하기 위해 함수로 만들어진 [처음위치] 블록을 끼워넣어요.

▶ [함수]- 처음위치

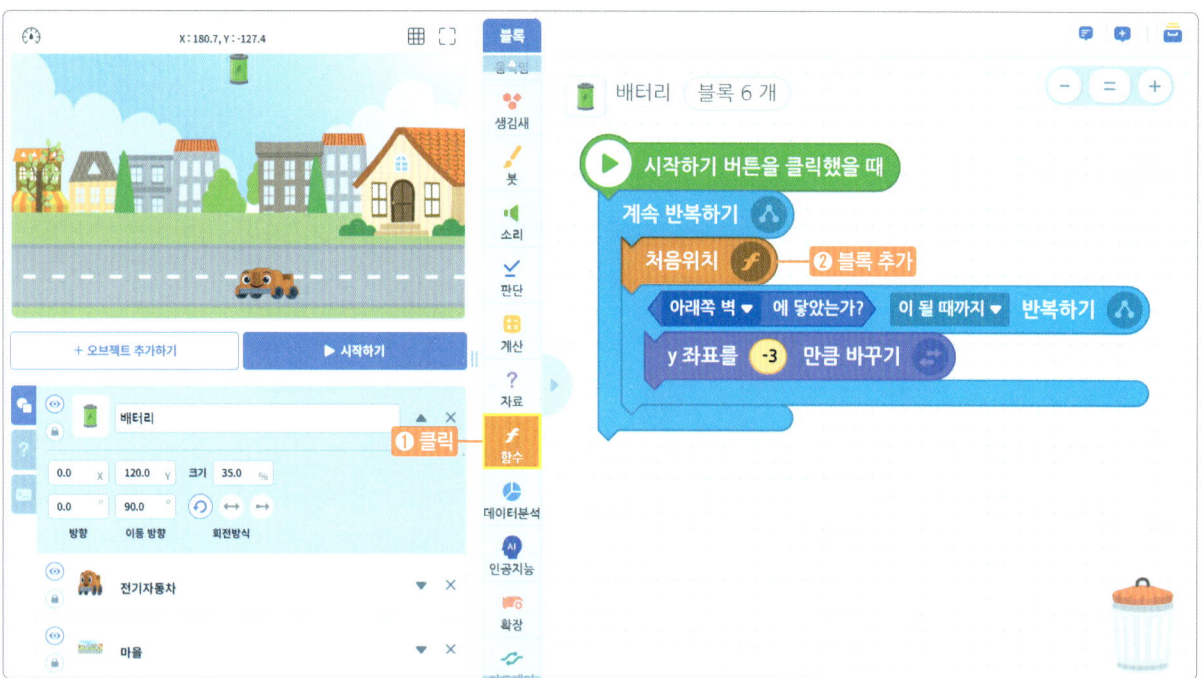

5 [시작하기]를 클릭하고 배터리가 떨어지는 위치를 확인해요.

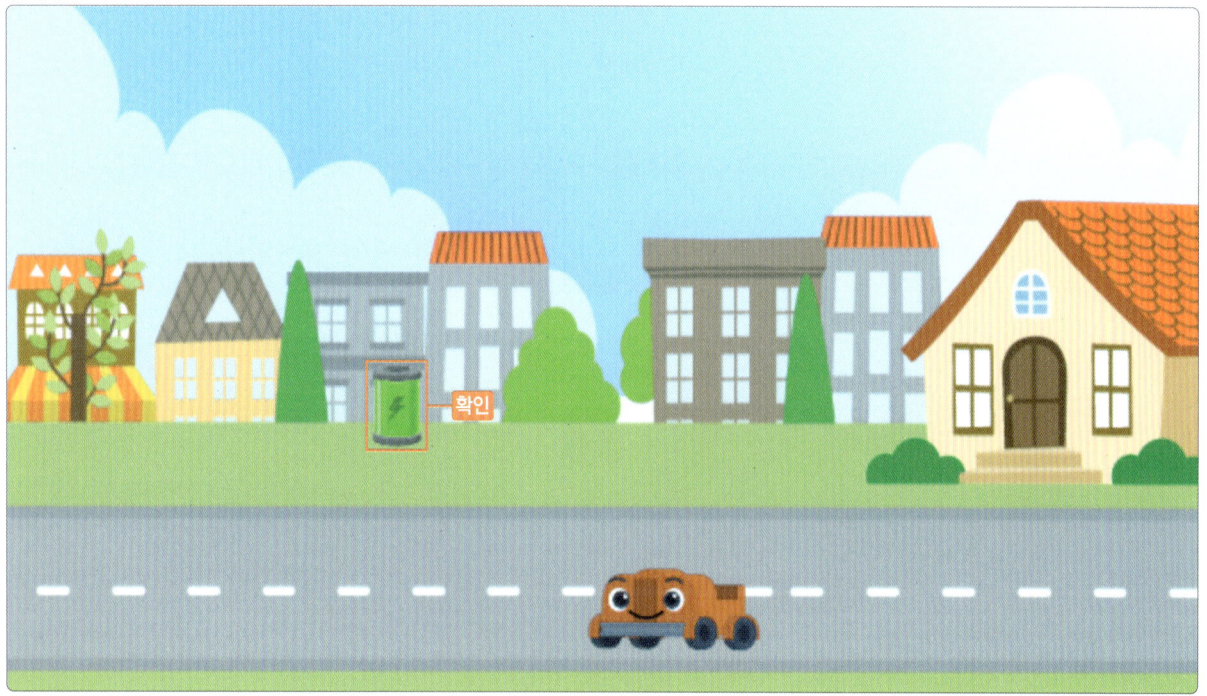

02 점수를 기록하는 변수 만들기

1 [속성] 탭에서 [변수]-[변수 추가하기]를 클릭한 후, 변수의 이름은 [점수]로 설정해요.

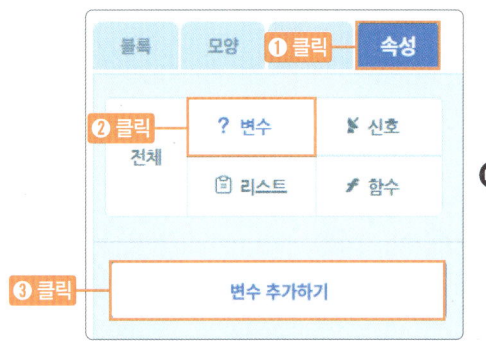
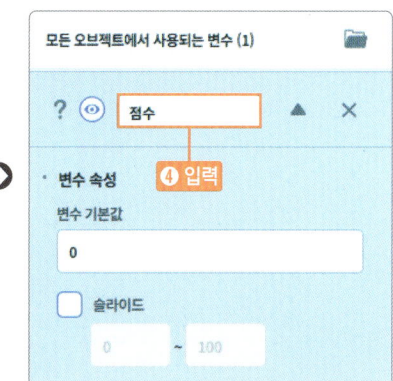

2 [점수] 변수를 추가하면 [실행 화면]에서 변수의 값을 확인할 수 있어요.

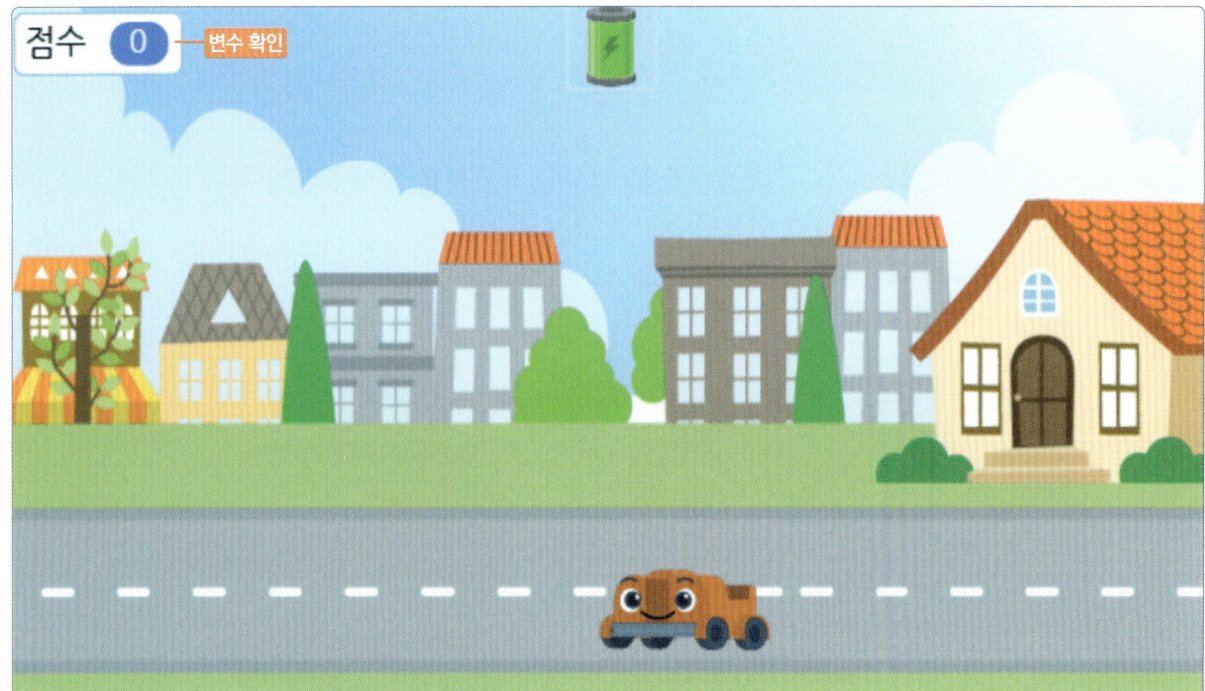

03 자동차가 배터리에 닿으면 점수 신호 보내기

1 [전기자동차] 오브젝트에 조립된 코드 중 [점수] 신호 보내기 블록을 확인해요.

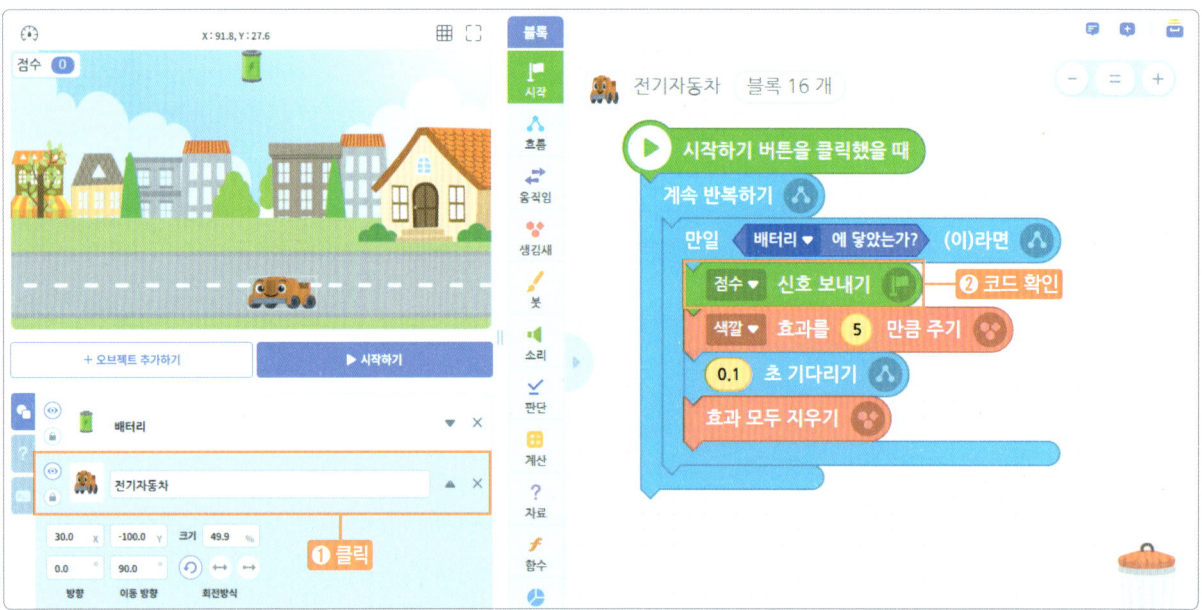

2 [배터리] 오브젝트에서 점수 신호를 받았을 때 배터리 위치를 미리 설정된 위치(처음위치)로 이동한 후, 점수 변수에 10만큼 더하도록 블록을 추가해요.

▶ [시작]-[신호 ▼] 신호를 받았을 때 ➡ [함수]-처음위치 ➡ [자료]-[변수 ▼] 에 10 만큼 더하기

3 [시작하기]를 클릭하고 키보드의 ← 키와 → 키를 사용해서 전기자동차를 움직여 떨어지는 배터리에 닿았을 때 점수가 10씩 증가하는지 확인해요.

■ 불러올 파일 : 하늘 배터리-2.ent   ■ 완성된 파일 : 하늘 배터리-2(완성).ent

미션 1

[검은 돌멩이] 오브젝트를 클릭하고, [아래쪽 벽]에 닿을 때까지 아래 방향으로 -3 만큼 바꾸도록 [흐름], [판단], [움직임] 꾸러미에서 블록을 추가해요.

미션 2

[검은 돌멩이] 오브젝트를 클릭하고, [감점] 신호를 받았을 때 [시작위치]로 이동하면서 [점수] 변수에 -10 만큼 더하도록 [시작], [함수], [자료] 꾸러미에서 블록을 추가해요.

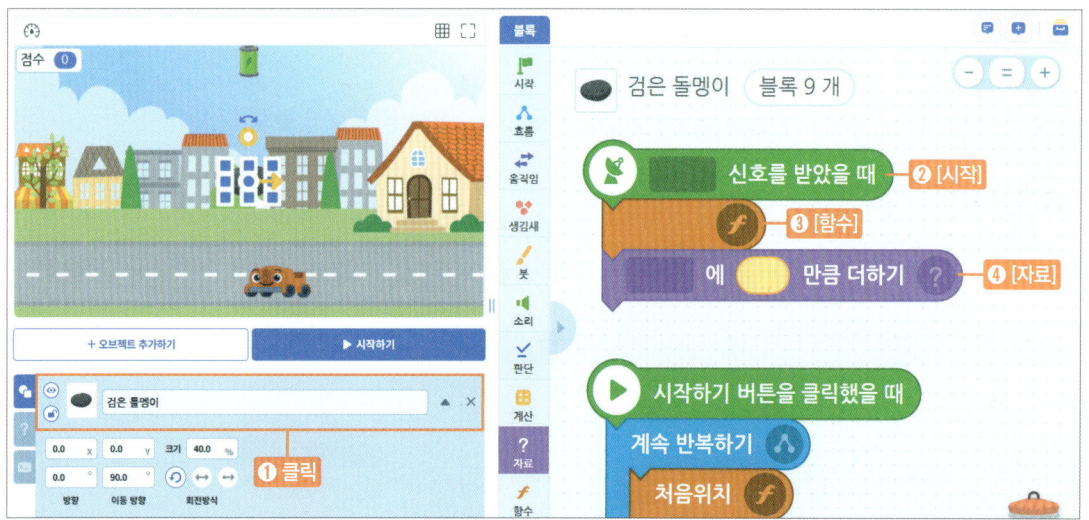

CHAPTER 13
자동차 선택하기

■ 불러올 파일 : 자동차선택.ent　■ 완성된 파일 : 자동차선택(완성).ent

 학습목표
- 신호를 받으면 자동차 모양을 변경해요.
- [선택완료] 버튼을 누르면 '빵빵' 소리나요.

 오늘 배울 내용

자동차 선택하기	선택완료 버튼을 누르면 자동차 출발하기

누가 맞을까?

스마트폰으로 자동차를 제어하듯 엔트리에서 버튼을 눌러 다른 오브젝트와 소통할 때 사용하는 것은 무엇일까요?

① 신호　　② 모양　　변수

1 엔트리(playentry.org)를 실행하고 [자동차선택.ent] 파일을 열어요.

2 [자동차] 오브젝트를 클릭하고 '1번' 신호를 받도록 블록을 추가해요.

▶ [시작]– 신호 ▼ 신호를 받았을 때
　　　　　　1번

3 '1번' 신호를 받았을 때 자동차 모양이 보이도록 블록을 연결해요.

▶ [생김새]– 모양 보이기

4 [시작하기]를 클릭하고 흰색 자동차 버튼을 눌렀을 때 자동차 미리보기 모양이 나타나는지 확인해요.

5 [정지하기]를 클릭하고 빨간색, 노란색 자동차로 변경하기 위해 모양 바꾸기 블록을 추가한 다음 코드를 복제해요.

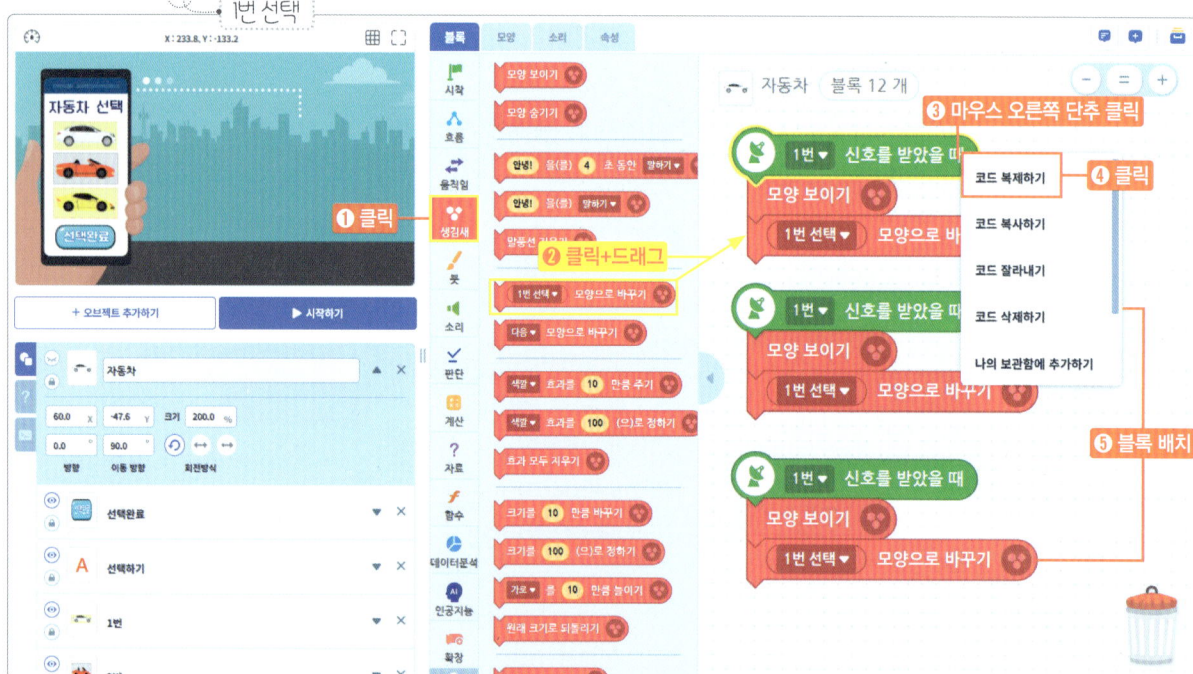

6 신호와 모양의 번호를 변경하고 [시작하기]를 눌러 자동차의 모양을 확인해요.

7 출발 신호를 받았을 때 1초 동안 오른쪽 방향으로 350만큼 이동하도록 블록을 추가해요.

[시작]- 신호▼ 신호를 받았을 때 ➡ [움직임]- 2 초 동안 x: 10 y: 10 만큼 움직이기
　　　　　　　출발　　　　　　　　　　　　　　　1　　　　350

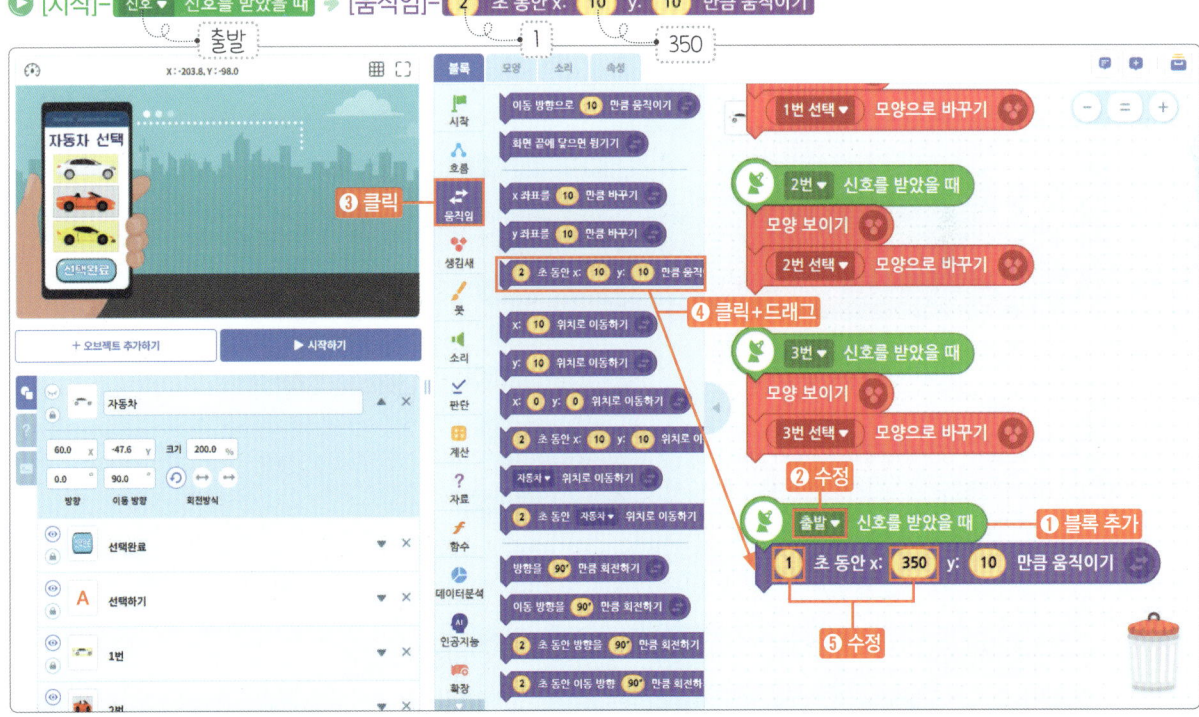

1 [선택완료] 오브젝트를 클릭했을 때 자동차 경적 소리가 나도록 블록을 연결해요.

▶ [시작]- 오브젝트를 클릭했을 때 ➡ [소리]- 소리 소리 ▼ 재생하기

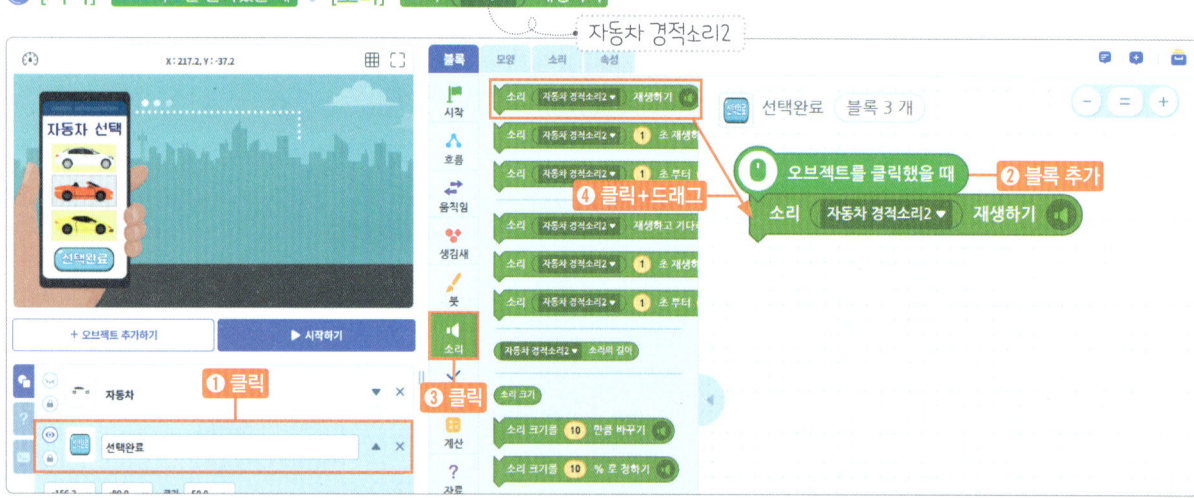

2 [시작하기]를 클릭하고 자동차를 고른 다음 선택완료 버튼을 누르면 소리가 나면서 자동차가 움직이는
지 확인해요.

▶ [시작]- 신호 ▼ 신호 보내기

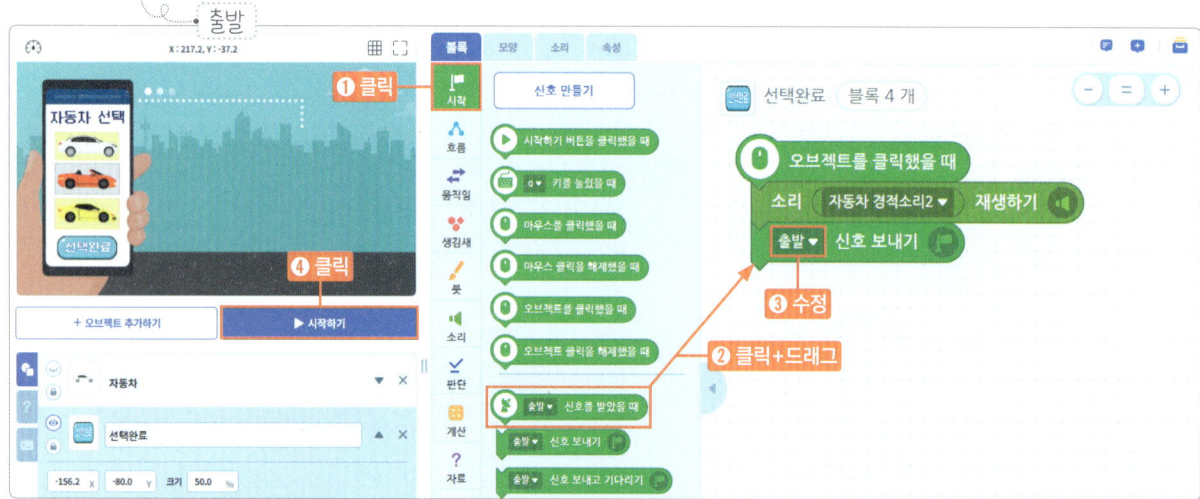

자동차 선택하기

자동차 선택완료

미션 1

[자동차] 오브젝트를 클릭하고, [1번] 신호를 받으면 '충전' 모양으로 바꾸고 1초 뒤에 '평소' 모양으로 바뀌도록 [시작], [흐름], [생김새] 꾸러미에서 블록을 추가해요.

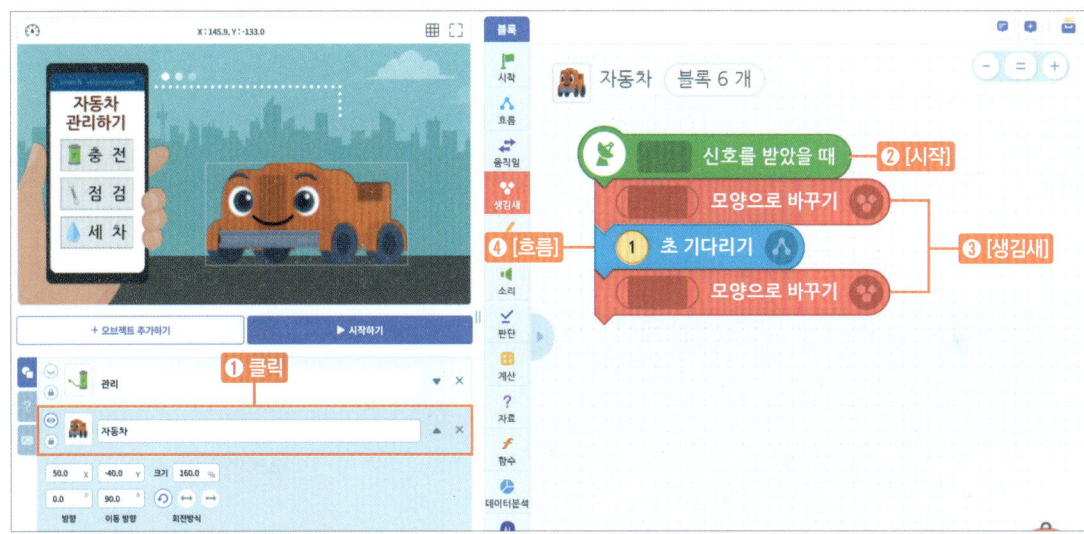

미션 2

❶ 1번 신호를 받았을 때 블록을 두 번 복제해요.

❷ 2번 신호를 받으면 '점검', 3번 신호를 받으면 '세차' 모양으로 변경되도록 코드를 수정해요.

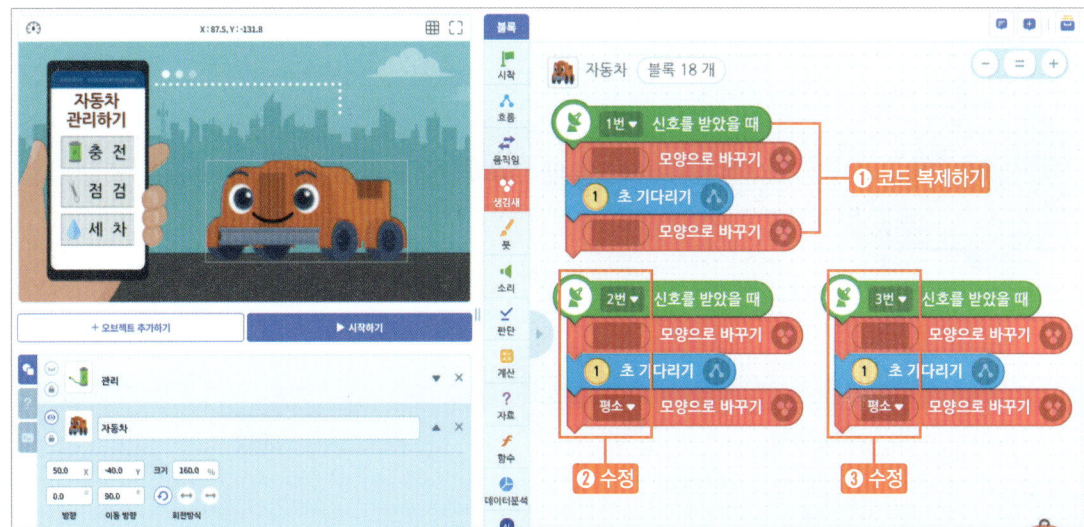

CHAPTER 14

자동차 바퀴 수리하기

■ 불러올 파일 : 바퀴 수리.ent ■ 완성된 파일 : 바퀴 수리(완성).ent

■ 달리는 자동차의 바퀴가 펑크나면 새로운 바퀴가 나타나요.

■ 바퀴를 클릭하면 공기압이 차면서 바퀴가 커져요.

오늘 배울 내용

새로운 바퀴로 바꿔요	수리가 완료되면 출발해요

수리 완료!

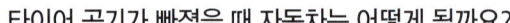

누가 맞을까?

타이어 공기가 빠졌을 때 자동차는 어떻게 될까요?

① 잘 달린다

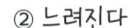
② 느려진다

③ 더 빨라진다

01 터진 바퀴를 새 바퀴로 바꾸기

1 엔트리(playentry.org)를 실행하고 [바퀴 수리.ent] 파일을 열어요.

2 [바퀴] 오브젝트를 클릭하고 '펑크' 신호를 받았을 때 모양이 보이도록 블록을 추가해요.

▶ [시작]- 신호 ▼ 신호를 받았을 때 ➡ [생김새]- 모양 보이기

3 [바퀴] 오브젝트를 클릭할 때마다 크기가 커지도록 블록을 추가해요.

▶ [시작]- 오브젝트를 클릭했을 때 ➡ [생김새]- 크기를 10 만큼 바꾸기

4 [바퀴] 오브젝트를 클릭할 때마다 공기압 변수에 1씩 더하도록 블록을 추가해요.

[자료] ─ 변수 ▼ 에 10 만큼 더하기
공기압 ┈┄ 1

여기서 잠깐!

- **공기압이 뭐예요?** 바퀴 안에는 공기가 들어있어요. 공기가 어느 정도 들어 있는지를 '공기압'이라고 해요.

공기압이 적으면	공기압이 많으면
바퀴가 말랑말랑해져서 느리게 가거나 터질 위험이 있어요.	바퀴가 딱딱해져서 덜컹거리는 느낌이 들고 쉽게 미끄러질 수 있어요.

1 수리가 완료되었을 때 '1'초 동안 '수리 완료!'를 말하도록 블록을 추가해요.

▶ [시작]- 신호 ▼ 신호를 받았을 때 ➡ [생김새]- 안녕! 을(를) 4 초 동안 말하기 ▼

수리 완료 수리 완료!

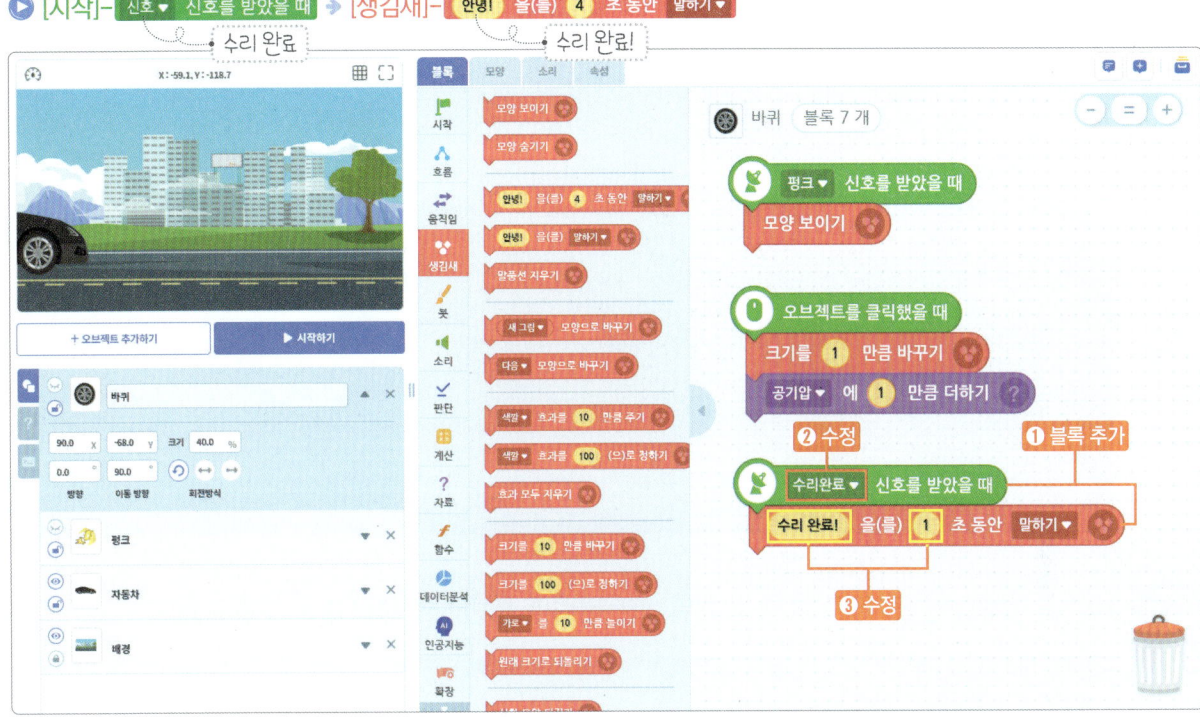

2 수리가 완료되었을 때 자동차 경적 소리가 나면서 바퀴의 모양이 숨겨지도록 블록을 추가해요.

▶ [소리]- 소리 소리 ▼ 재생하기 ➡ [생김새]- 모양 숨기기

자동차 경적소리2

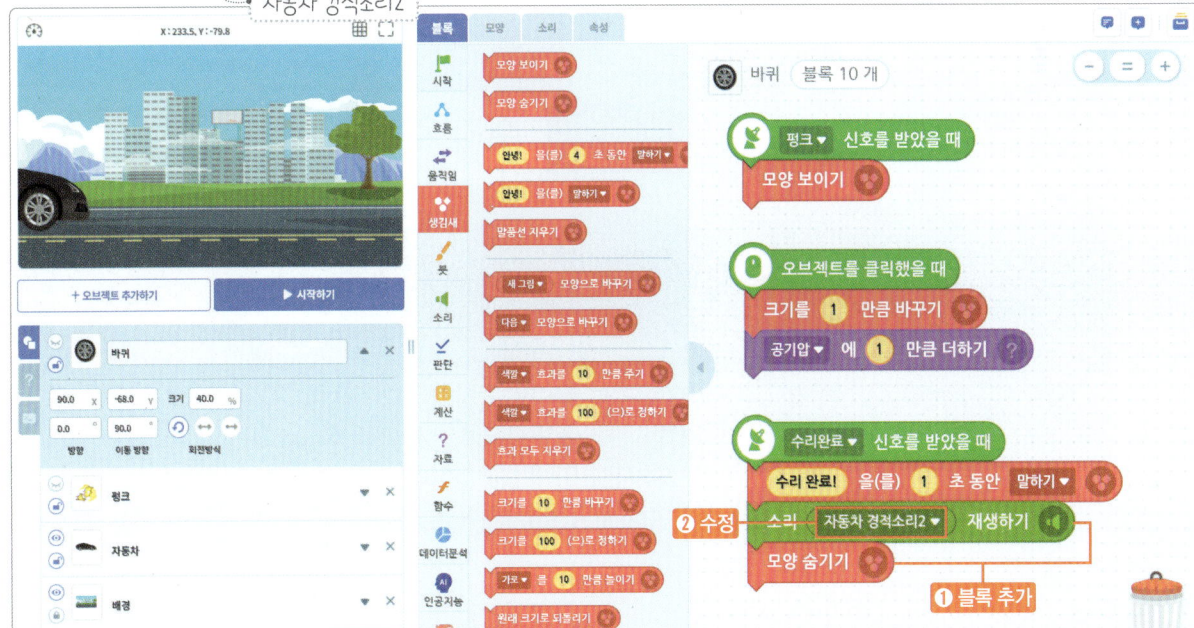

3 [시작하기]를 클릭하면 달리는 자동차의 바퀴가 터지는지 확인해요.

4 바퀴를 클릭하면 공기압이 조금씩 채워지고, 바퀴를 10번 클릭하면 수리가 완료돼요.

■ 불러올 파일 : 바퀴 수리-2.ent　　■ 완성된 파일 : 바퀴 수리-2(완성).ent

미션 1

[풍선] 오브젝트를 클릭할 때마다 '크기'와 '공기압'이 '2'씩 커지도록 [시작], [생김새], [자료] 꾸러미에서 블록을 추가해요.

미션 2

'완료' 신호를 받았을 때, '날아간다~'를 '1'초 동안 말하고 '1'초 동안 x:'0' y:'200' 만큼 움직이도록 [시작], [생김새], [움직임] 꾸러미에서 블록을 추가해요.

엑셀과 브레이크

CHAPTER 15

■ 불러올 파일 : 엑셀브레이크.ent　　■ 완성된 파일 : 엑셀브레이크(완성).ent

 **학습목표**
- 크기를 조절하여 엑셀을 클릭했을 때를 표현해요.
- 글쓰기 블록으로 속도와 거리를 나타내요.

 **오늘 배울 내용**

엑셀 밟기	속도와 거리 표시하기
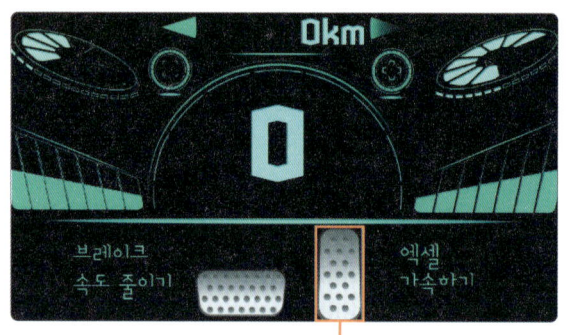	

엑셀

누가 맞을까?

엑셀을 눌러 속도를 2배로 바꾸면 자동차는 어떻게 될까요?

① 천천히 간다

② 더 빨리 간다

③ 제자리 멈춤

01 엑셀 클릭하기

1 엔트리(playentry.org)를 실행하고 [엑셀브레이크.ent] 파일을 열어요.

2 [엑셀] 오브젝트를 클릭하고 시작하기를 클릭했을 때 계속 반복하도록 블록을 추가해요.

▶ [시작]- 시작하기 버튼을 클릭했을 때 ➡ [흐름]- 계속 반복하기

3 [엑셀] 오브젝트를 클릭했는지 아닌지를 판단하기 위해 판단 블록을 추가해요.

▶ [흐름]- 만일 참 (이)라면 아니면 ➡ [판단]- 오브젝트를 클릭했는가? 블록 끼우기

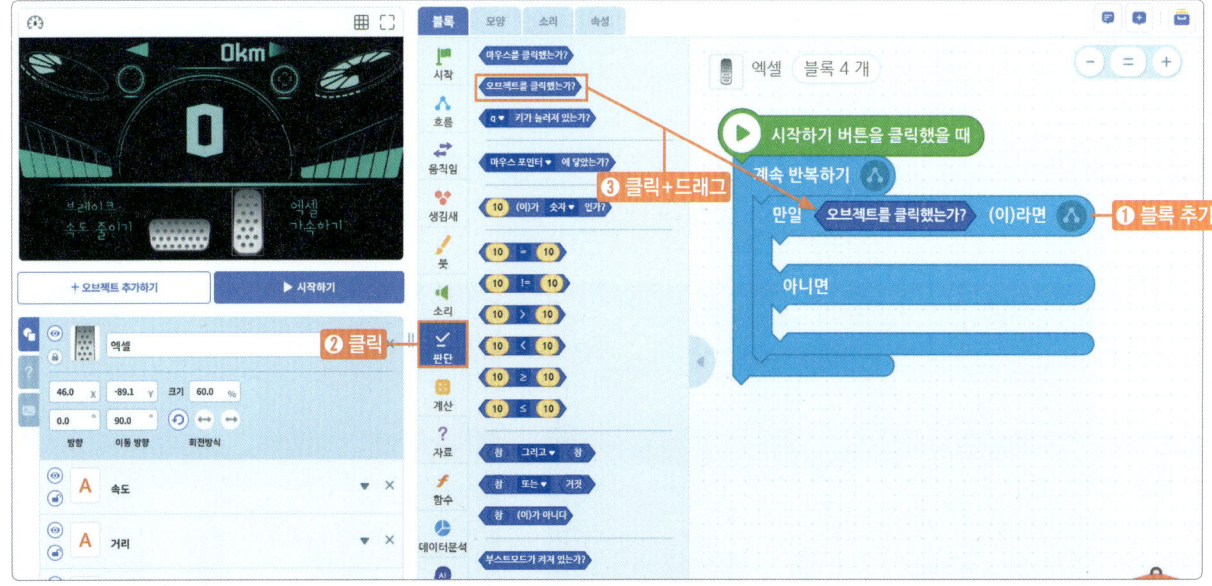

4 만일 [엑셀] 오브젝트를 클릭했다면 크기를 50으로 정하고, 아니면 60으로 정하도록 블록을 추가해요.

▶ [생김새]– 크기를 100 (으)로 정하기
　　　　　　　　　　50/60

5 [엑셀] 오브젝트를 클릭했다면 속도 변수에 1만큼 더하도록 블록을 추가해요.

▶ [자료]– 변수 ▼ 에 10 만큼 더하기
　　속도　　　　　　1

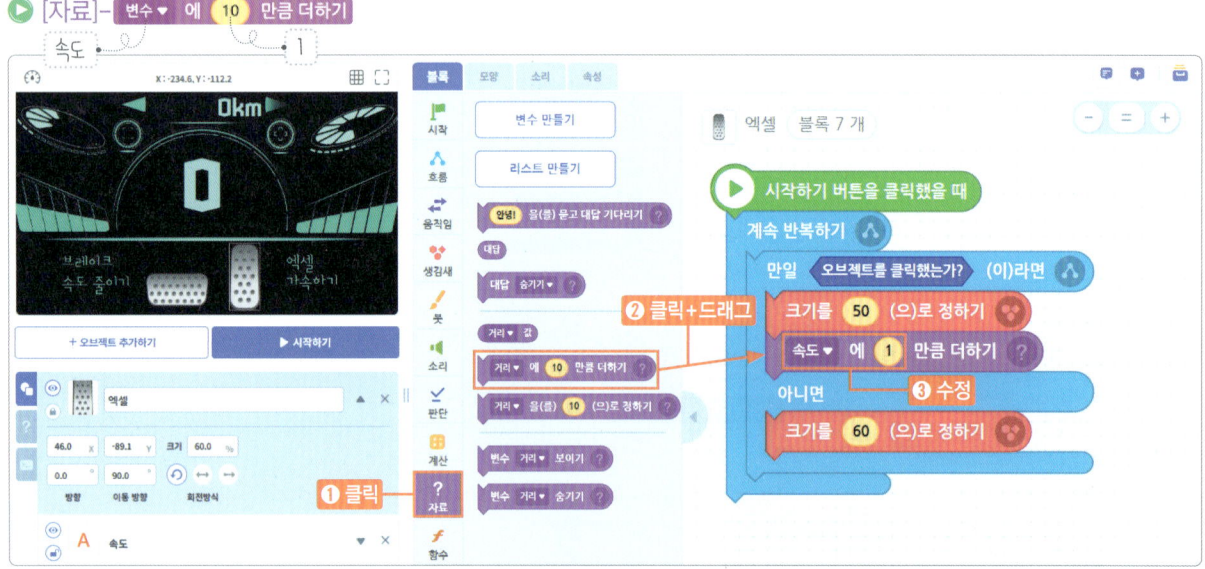

6 [시작하기]를 클릭하고 엑셀을 눌렀을 때 크기가 변경되는지 확인해요.

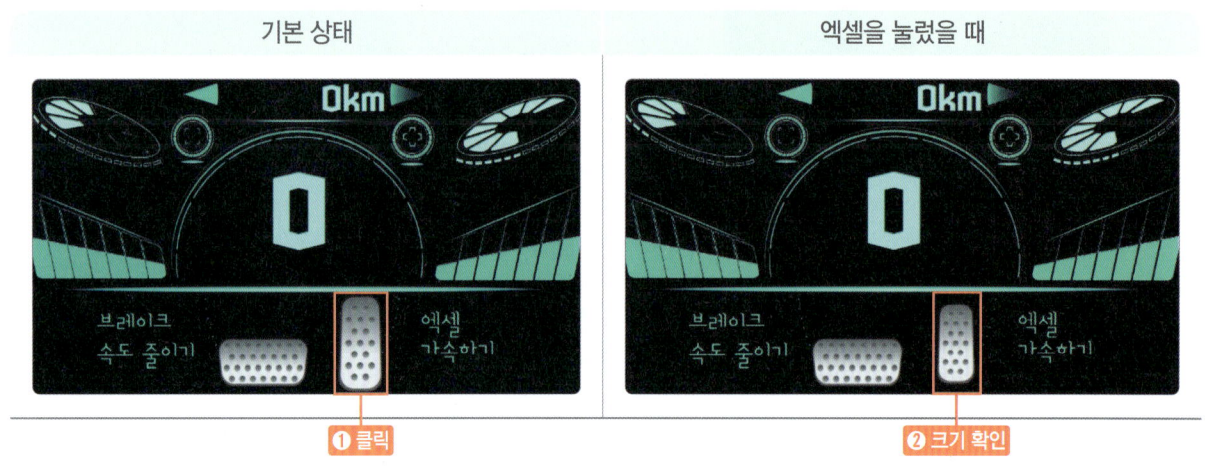

기본 상태 　　　　　　　　　　엑셀을 눌렀을 때

1 [속도] 오브젝트를 클릭하고 시작하기를 클릭했을 때 계속 반복하도록 블록을 추가해요.

▶ [시작]- 시작하기 버튼을 클릭했을 때 ➡ [흐름]- 계속 반복하기

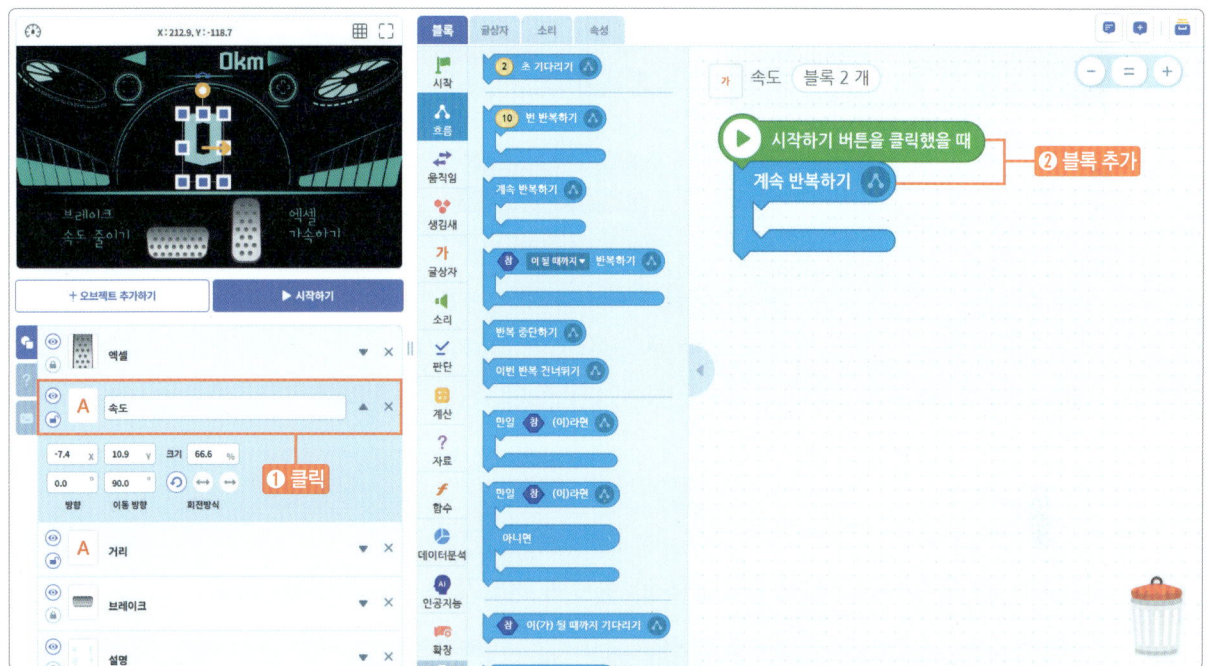

2 [속도] 오브젝트의 내용이 속도 변수 값으로 변경하기 위해 블록을 추가해요

▶ [글상자]- 엔트리 (이)라고 글쓰기 ➡ [자료]- 변수▼ 값 블록 끼워넣기
속도

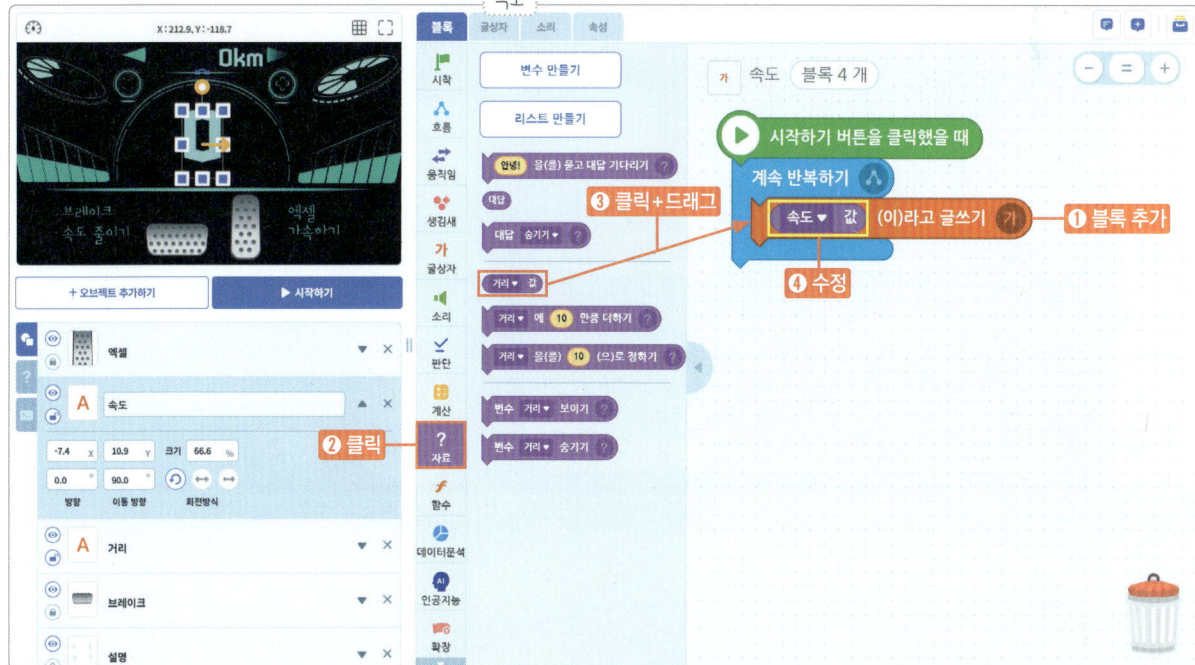

3 [거리] 오브젝트를 클릭하고 [거리] 오브젝트의 내용이 거리 변수 값으로 변경하기 위해 블록을 추가해요.

▶ [글상자]- 엔트리 (이)라고 글쓰기 ➡ [자료]- 변수▼ 값 블록 끼워넣기 ➡ [글상자]- 엔트리 을(를) 뒤에 추가하기
　　　　　　　　　　　　　　　　　　　　　└ 거리 　　　　　　　　　　　　　　　　　　└ km

4 [시작하기]를 클릭하고 엑셀을 클릭했을 때 속도와 거리가 표시되는지 확인해요.

■ 불러올 파일 : 엑셀브레이크-2.ent   ■ 완성된 파일 : 엑셀브레이크-2(완성).ent

미션 ❶

[카운트] 오브젝트를 클릭하고, 카운트(변수) 값이 0이 될 때까지 숫자가 표시되도록 [자료]와 [글상자] 꾸러미에서 블록을 추가해요.

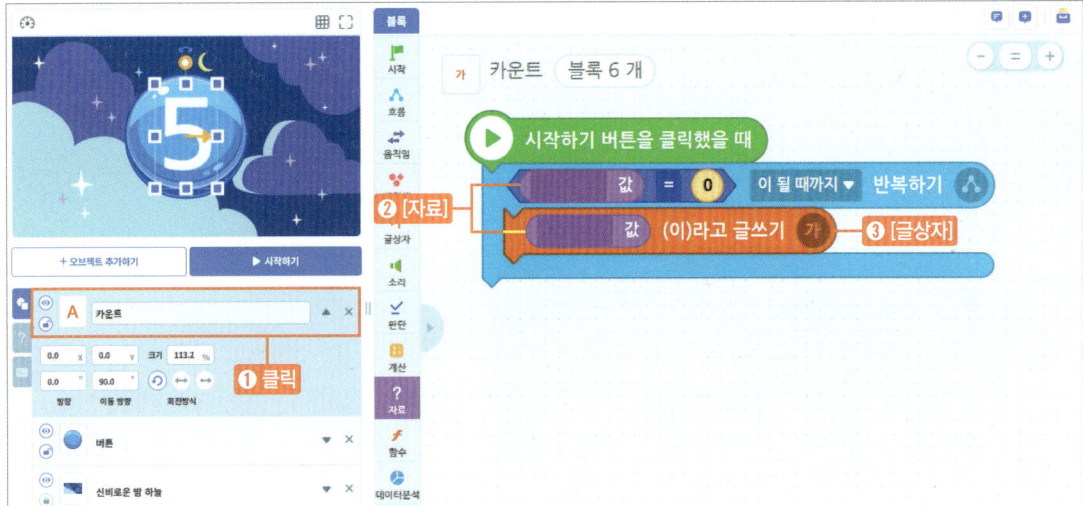

미션 ❷

카운트(변수) 값이 0이 되면 'GO'를 표시했다가 '0.5'초 뒤에 사라지도록 [글상자], [흐름], [생김새] 꾸러미에서 블록을 추가해요.

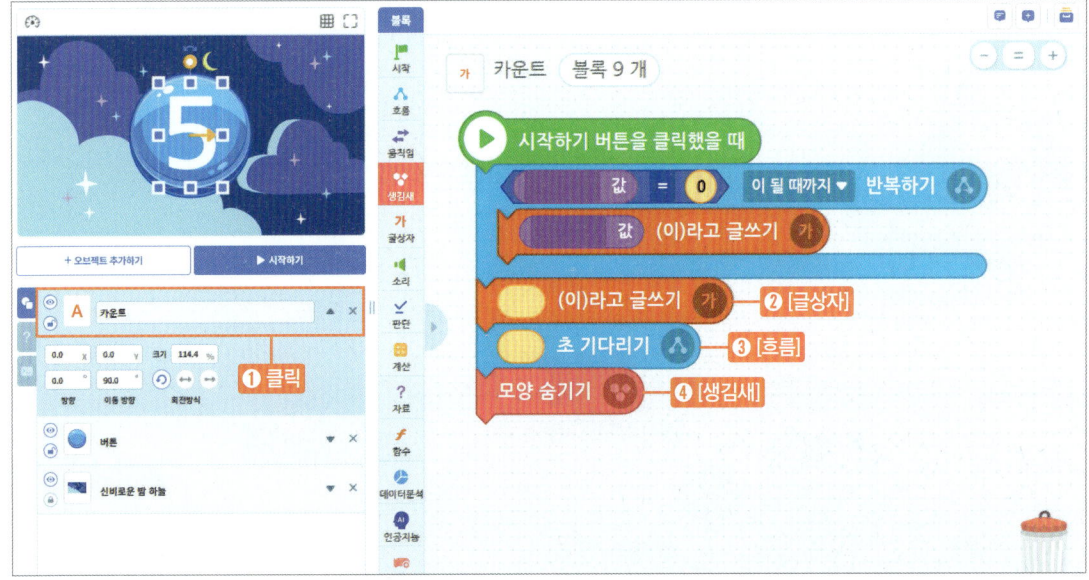

소방 드론 출동!

■ 불러올 파일 : 소방드론.ent   ■ 완성된 파일 : 소방드론(완성).ent

학 습 목 표
- 드론이 마우스를 따라다니도록 코딩해요.
- 복제본 기능으로 물방울과 불의 복제본을 생성해요.

오늘 배울 내용

드론 조종하기	물방울 설정하기

불이 나면 소방 드론은 무엇을 해야 할까요?

누가 맞을까?

① 물을 뿌려 불을 끈다

② 춤춘다

③ 빨리 달린다

1 엔트리(playentry.org)를 실행하고 [소방드론.ent] 파일을 열어요.

2 [드론] 오브젝트에서 [시작하기]를 클릭했을 때 계속해서 마우스 포인터를 따라다니도록 블록을 추가해요.

▶ [흐름]- 계속 반복하기 ➡ [움직임]- 엔트리봇 ▼ 위치로 이동하기
• 마우스 포인터

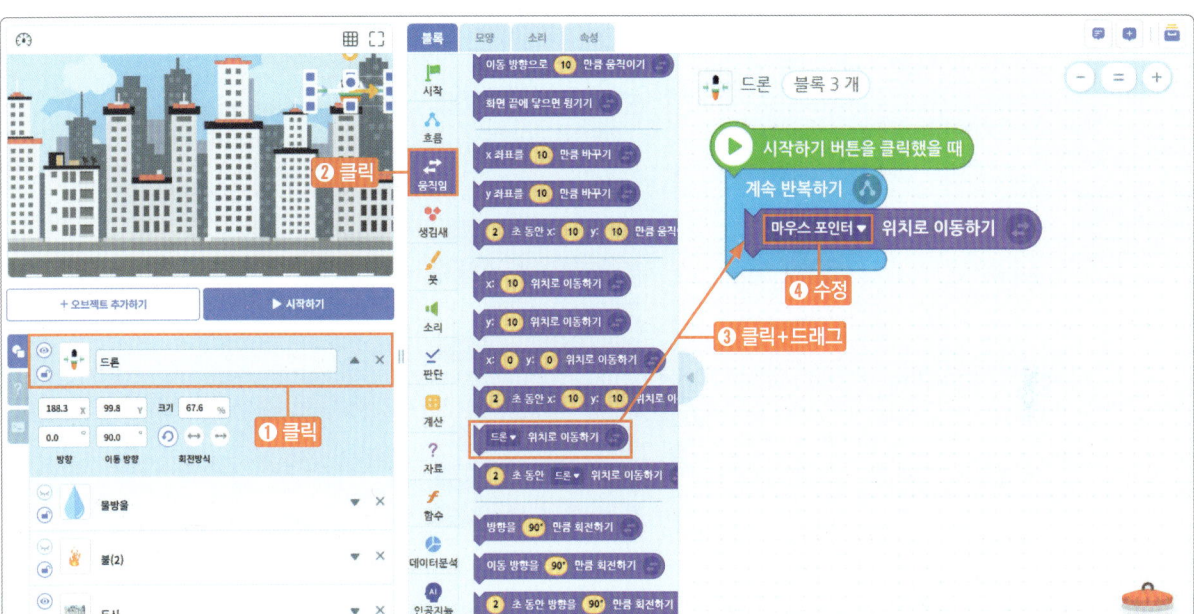

3 [드론]이 마우스를 따라 좌우로만 이동하도록 y좌표를 120으로 고정해요.

▶ [움직임]- y: 10 위치로 이동하기
• 120

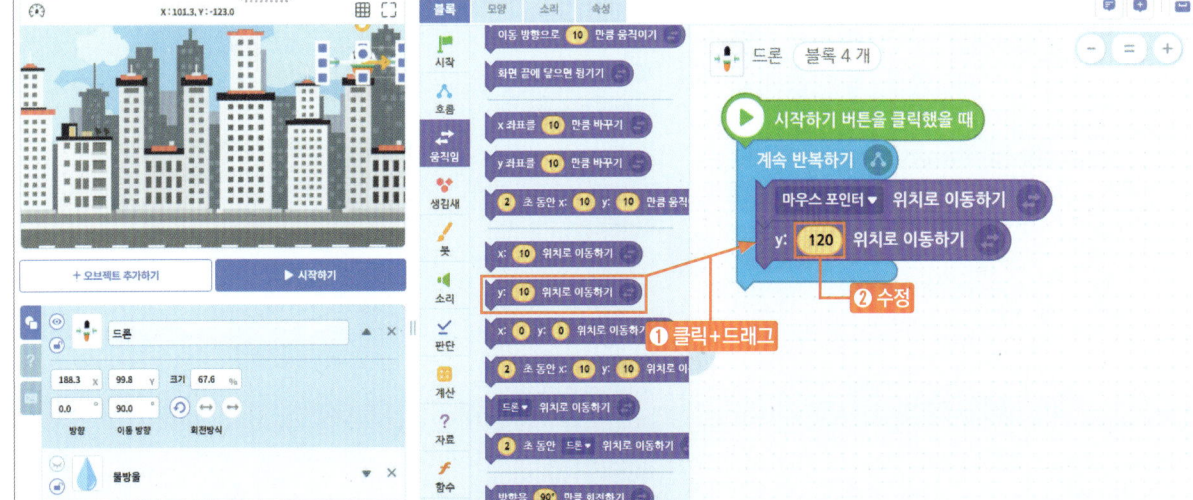

02 물방울 설정하기

1 [물방울] 오브젝트에서 [시작하기]를 클릭했을 때 드론의 위치를 따라다니도록 블록을 추가해요.

▶ [움직임]- 엔트리봇 ▼ 위치로 이동하기

드론

2 마우스를 클릭했을 때 조건을 실행하기 위해 블록을 추가해요.

▶ [흐름]- 만일 참 (이)라면 ➡ [판단]- 마우스를 클릭했는가? 블록 끼워넣기

3 마우스를 클릭했다면 자신(물방울)의 복제본을 만들 수 있도록 블록을 추가해요.

▶ [흐름]- 자신 ▼ 의 복제본 만들기 ➡ 2 초 기다리기
　　　　　　　　　　　　　　　　　 0.5

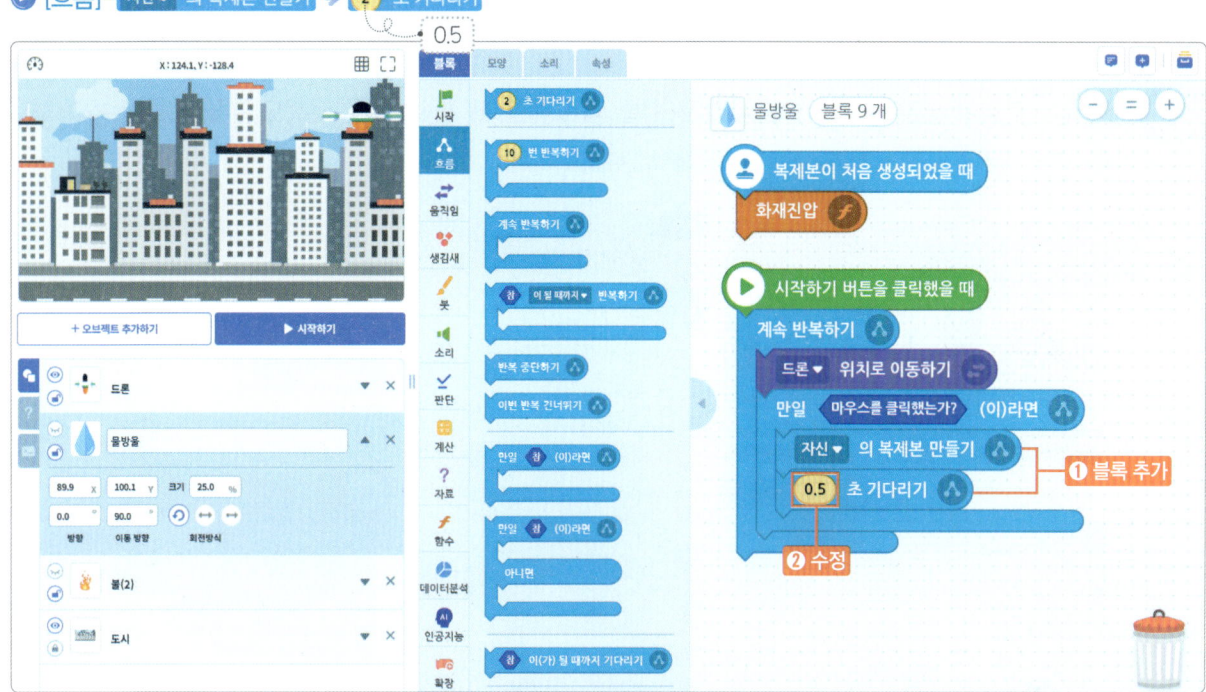

4 [시작하기]를 클릭하고 드론의 위치를 변경하면서 마우스를 클릭했을 때 물방울이 아래로 떨어지는지 확인해요.

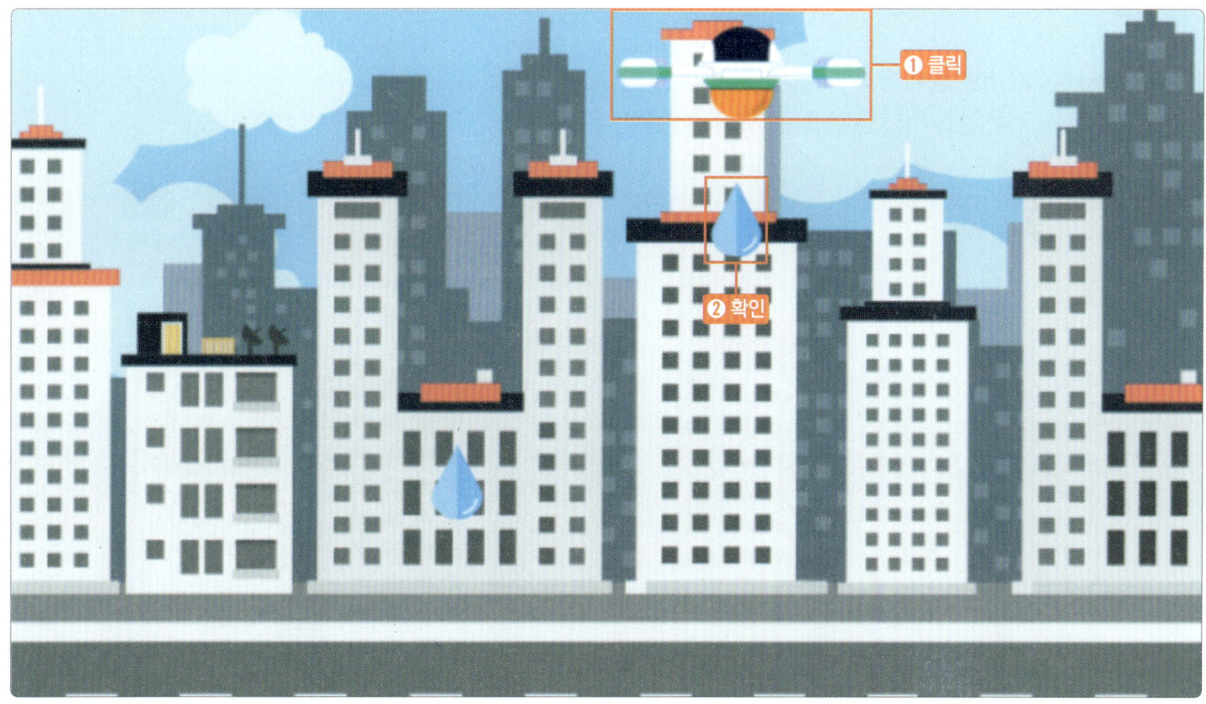

03 자동으로 불을 계속 복제하기

1 [불(2)] 오브젝트를 선택한 후, [시작하기]를 클릭했을 때 불이 계속 생성되도록 블록을 추가해요.

▶ [흐름]- 계속 반복하기 ➡ 자신 ▼ 의 복제본 만들기 ➡ 2 초 기다리기

2 [시작하기]를 클릭하고 드론을 이용해서 불을 꺼주세요!

▶ 불이 나는 위치에서 마우스를 클릭하면 물방울이 떨어지고, 물방울에 닿으면 불이 꺼져요.

■ 불러올 파일 : 우주드론-2.ent   ■ 완성된 파일 : 우주드론-2(완성).ent

미션 ①

[드론] 오브젝트가 y좌표: -120으로 고정하면서 마우스를 따라 움직이도록 [흐름], [움직임]
꾸러미에서 블록을 추가해요.

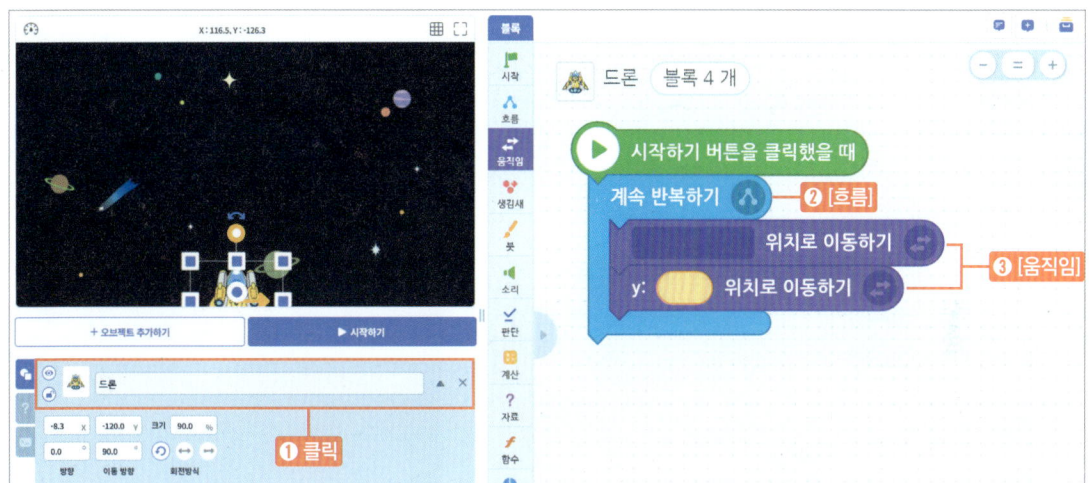

미션 ②

[외계인] 오브젝트를 클릭하고 1초마다 자신(외계인)의 복제본을 만들면서 다음 모양으로 바꾸
도록 [흐름]과 [생김새] 꾸러미에서 블록을 추가해요.

CHAPTER 17 어두워지면 라이트를 켜요!

■ 불러올 파일 : 헤드라이트.ent   ■ 완성된 파일 : 헤드라이트(완성).ent

- 자동차 운전석의 움직임을 표현해요.
- 낮과 밤일 때, 신호를 보내 라이트를 켜고 꺼요.

 오늘 배울 내용

낮 신호를 받았을 때	밤 신호를 받았을 때

누가 맞을까?

밤이 되면 자동차는 무엇을 켜야 할까요?

① 음악

② 헤드라이트

③ 창문

01 자동차 운전석의 움직임을 표현하기

1 엔트리(playentry.org)를 실행하고 [헤드라이트.ent] 파일을 열어요.

2 [운전석] 오브젝트를 클릭하고 시작하기를 클릭했을 때 계속 반복하도록 블록을 추가해요.

▶ [시작]- 시작하기 버튼을 클릭했을 때 ➡ [흐름]- 계속 반복하기

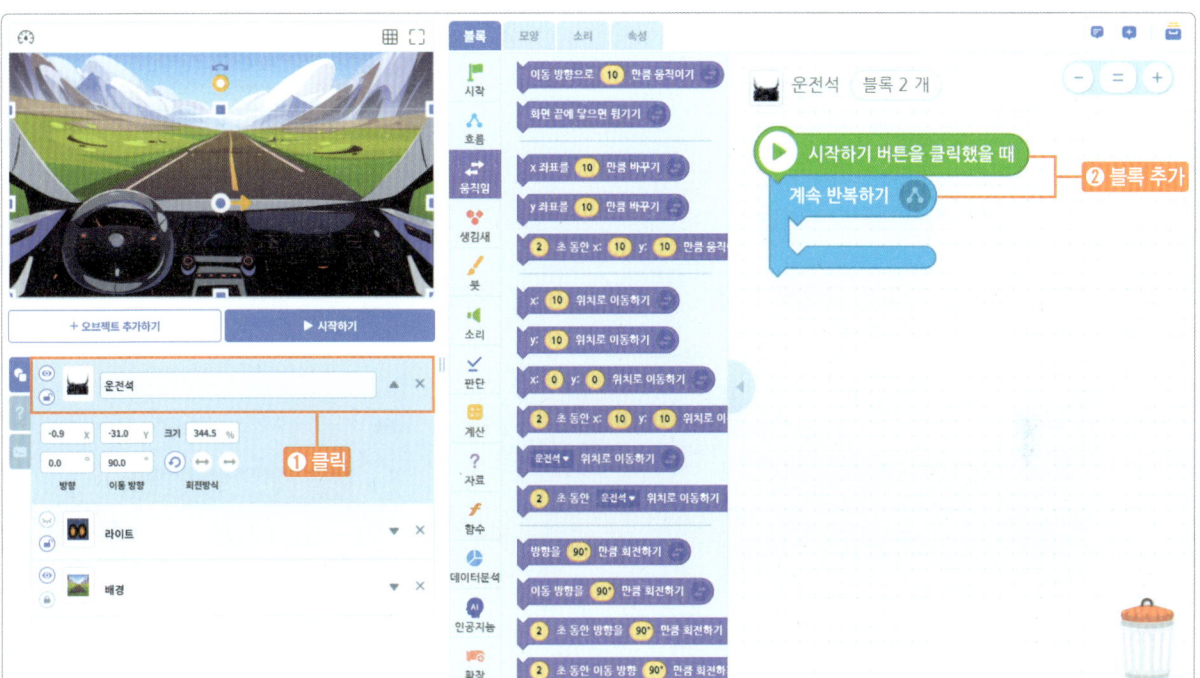

3 y좌표를 1만큼 바꾸도록 블록을 추가해요.

▶ [움직임]- y 좌표를 10 만큼 바꾸기
1

4 불규칙한 움직임을 표현하기 위해 무작위 수만큼 기다리도록 블록을 추가해요.

▶ [흐름]- 2 초 기다리기 ➔ [계산]- 0 부터 10 사이의 무작위 수

5 보라색 블록을 마우스 오른쪽 단추로 클릭하고 [코드 복제하기]를 클릭해요.

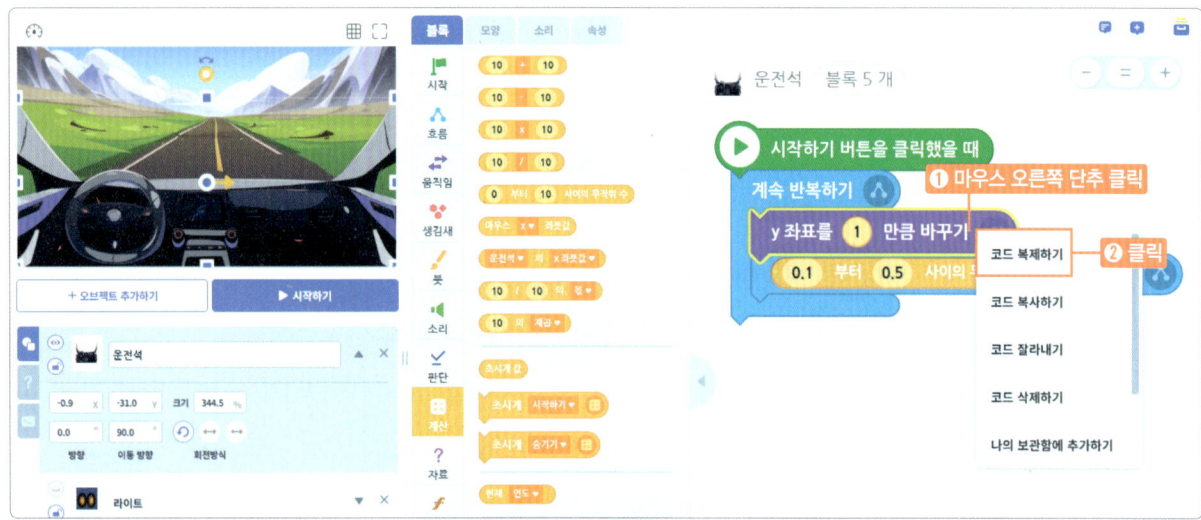

6 복제한 블록을 그림과 같이 연결해요. 이어서, y좌표를 '-1'로 변경하고 [시작하기]를 눌러 운전석이 위아래로 흔들리는지 확인해요.

7 [운전석] 오브젝트에 '낮' 신호를 받으면 '운전석(낮)' 모양으로 바꾸도록 블록을 추가해요.

▶ [시작]— 신호 ▼ 신호를 받았을 때 ➡ [생김새]— 모양1 ▼ 모양으로 바꾸기
　　　　　└ 낮 ┘　　　　　　　　　　└ 운전석(낮) ┘

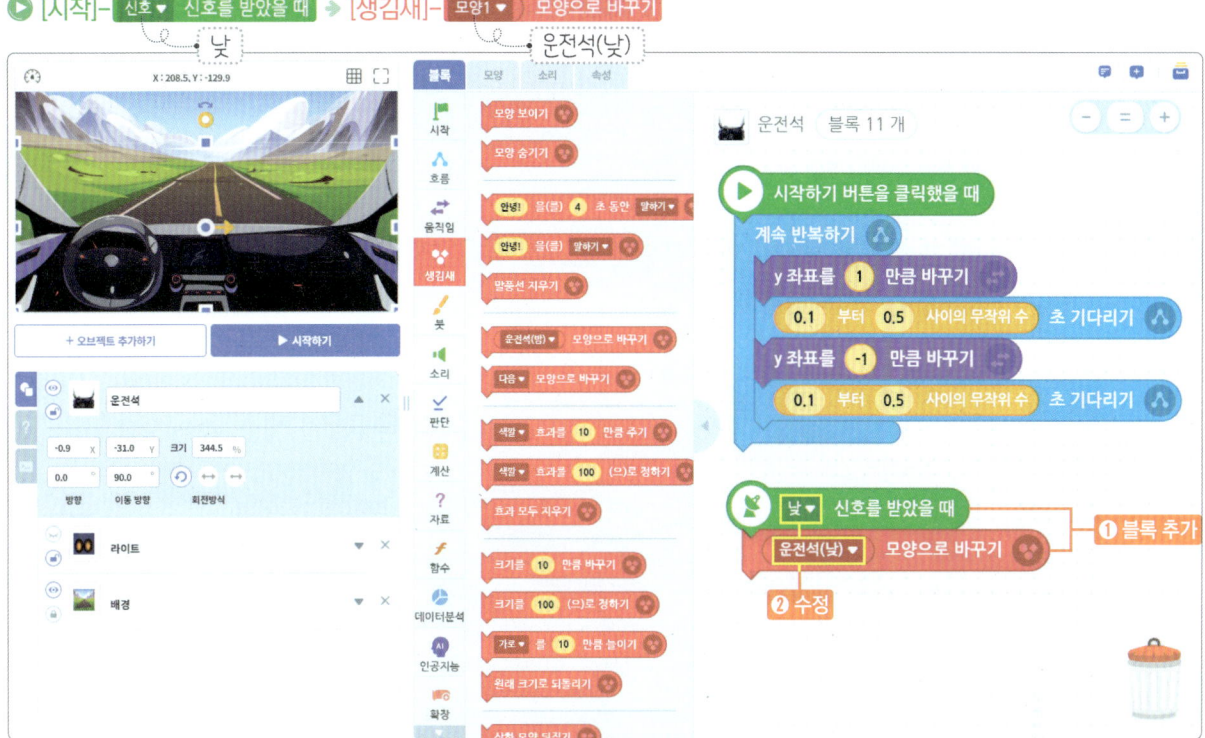

8 그림과 같이 코드를 복제하고 '밤' 신호를 받으면 '운전석(밤)' 모양으로 바꾸도록 블록을 추가해요.

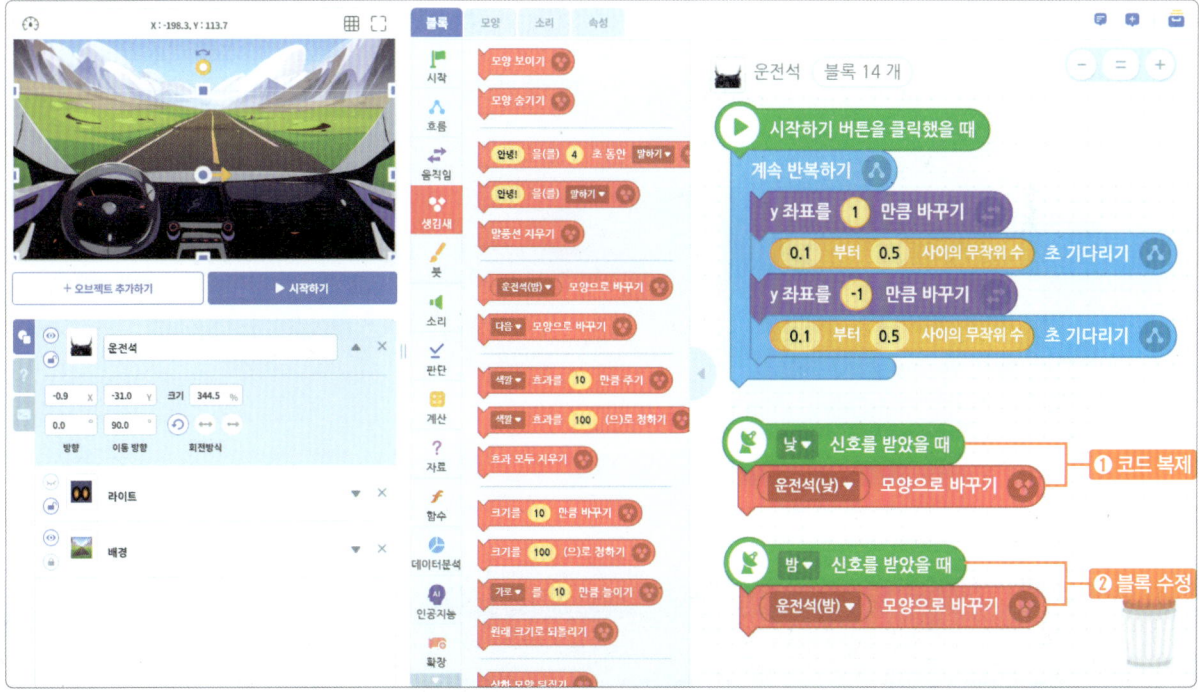

02 라이트 설정하기

1 [라이트] 오브젝트를 클릭하고 '밤' 신호를 받으면 모양이 보여지도록 블록을 추가해요.

▶ [시작]- 신호▼ 신호를 받았을 때 ➡ [생김새]- 모양 보이기
　　　　　　└ 밤

2 라이트의 어둠과 빛을 표현하기 위해 투명도 효과를 '70'으로 설정해요.

▶ [생김새]- 색깔▼ 효과를 100 (으)로 정하기
　　　　　투명도 •　　　　　• 70

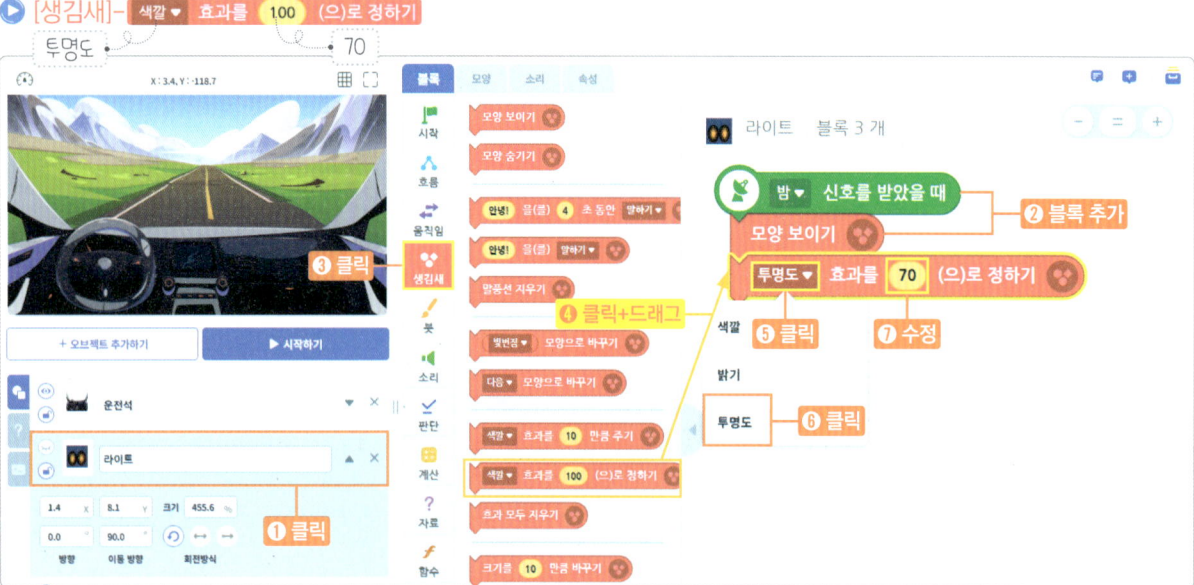

3 '낮' 신호를 받았을 때 모양이 숨겨지도록 코드를 추가해요.

▶ [시작]- 신호▼ 신호를 받았을 때 ➡ [생김새]- 모양 숨기기
　　　　　　└ 낮

4 [시작하기]를 클릭하면 배경이 자동으로 낮과 밤이 변경돼요. 배경에 따라 라이트가 켜지고 꺼지는지 확인해요.

CHAPTER 17 도전! 엔트리

■ 불러올 파일 : 헤드라이트-2.ent   ■ 완성된 파일 : 헤드라이트-2(완성).ent

미션 1

[자동차] 오브젝트를 클릭하고, 달리는 자동차를 표현하기 위해 [시작], [흐름], [움직임] 꾸러미에서 블록을 추가해요.

미션 2

[가로등1] 오브젝트를 클릭하고 신호에 따라 모양을 바꾸기 위해 [시작]과 [생김새] 꾸러미에서 블록을 추가해요.

- '밤' 신호를 받았을 때 '가로등켜짐' 모양
- '낮' 신호를 받았을 때 '가로등꺼짐' 모양

목적지 찾아가기

■ 불러올 파일 : 미로탈출.ent ■ 완성된 파일 : 미로탈출(완성).ent

 학 습 목 표
■ 방향키로 자동차를 조종해요.
■ 회전하는 하트 모양을 만들어요.

 오늘 배울 내용

키보드로 자동차 조종하기	회전하는 하트에 도착하면 탈출 성공!

누가 맞을까 ?

엔트리의 위치가 좌표(0,0) 위치에 있을 때 X좌표를 10만큼 이동할 경우 이동 위치는 무엇일까요?

① 좌표(0, 10)	② 좌표(10, 10)	③ 좌표(10, 0)

01 방향키로 자동차 조종하기

1 엔트리(playentry.org)를 실행하고 [미로탈출.ent] 파일을 열어요.

2 [자동차] 오브젝트를 클릭하고 왼쪽 화살표 키를 눌렀을 때 왼쪽으로 –2만큼 바꾸도록 블록을 추가해요.

▶ [시작]- q ▼ 키를 눌렀을 때 ➡ [움직임]- x 좌표를 10 만큼 바꾸기
　　　　　└ 왼쪽 화살표 　　　　　　　　└ –2

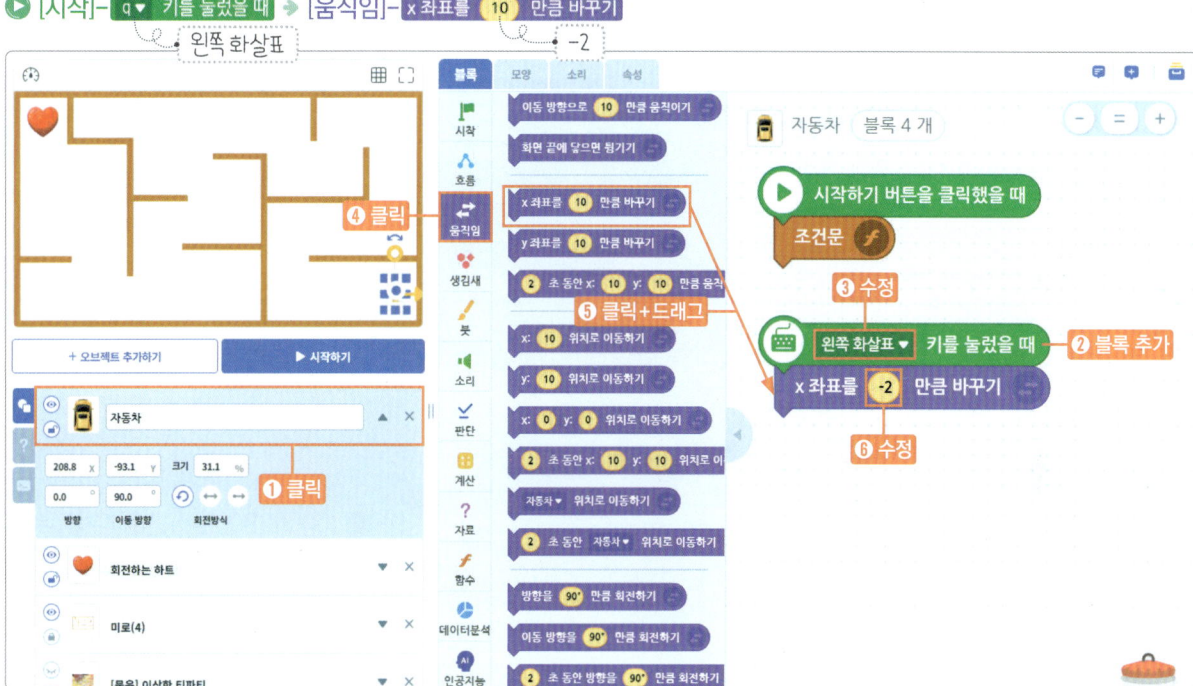

3 왼쪽 화살표 키를 눌렀을 때 방향을 270°로 정하도록 블록을 추가해요.

▶ [움직임]- 방향을 90° (으)로 정하기
　　　　　　　　　└ 270

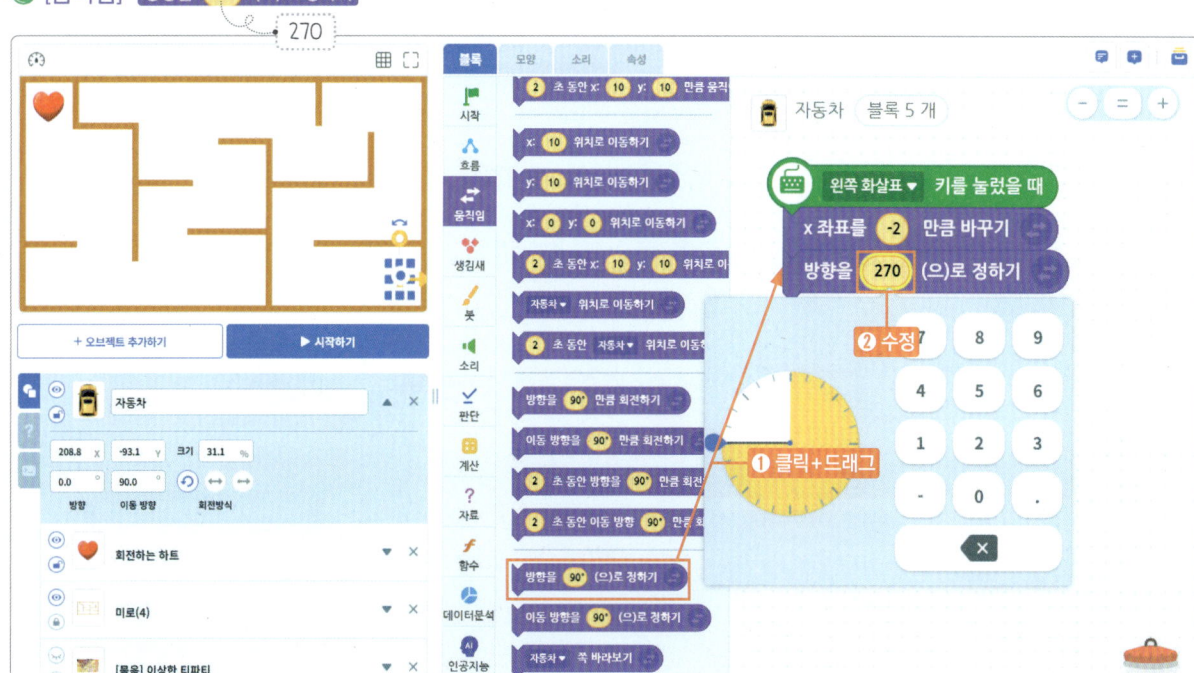

4 코드를 복제하고 오른쪽 화살표 키를 눌렀을 때 오른쪽으로 2만큼 바꾸면서 방향을 90°로 정하도록 블록을 수정해요.

5 코드를 복제하고 위쪽 화살표와 아래쪽 화살표 키를 눌렀을 때 y좌표와 방향의 각도를 수정해요.

▶ [움직임] - y 좌표를 10 만큼 바꾸기

6 스페이스 키를 눌렀을 때 자동차의 모양을 바꾸도록 다음▼ 모양으로 바꾸기 블록을 추가해요.

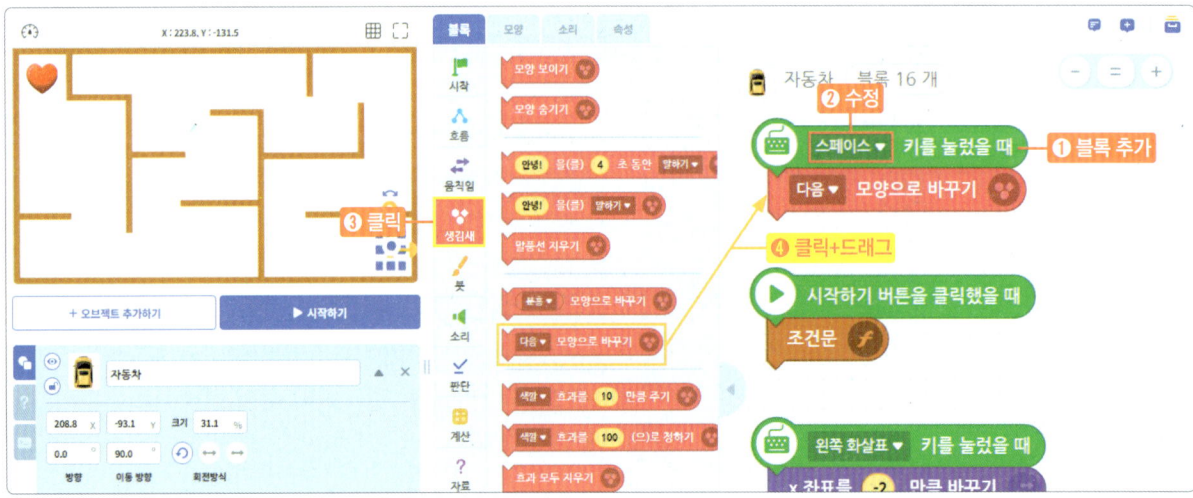

02 회전하는 하트로 만들기

1 [회전하는 하트] 오브젝트를 클릭하고 시작하기를 클릭했을 때 계속 반복하도록 블록을 추가해요.

▶ [시작]- 시작하기 버튼을 클릭했을 때 ➡ [흐름]- 계속 반복하기

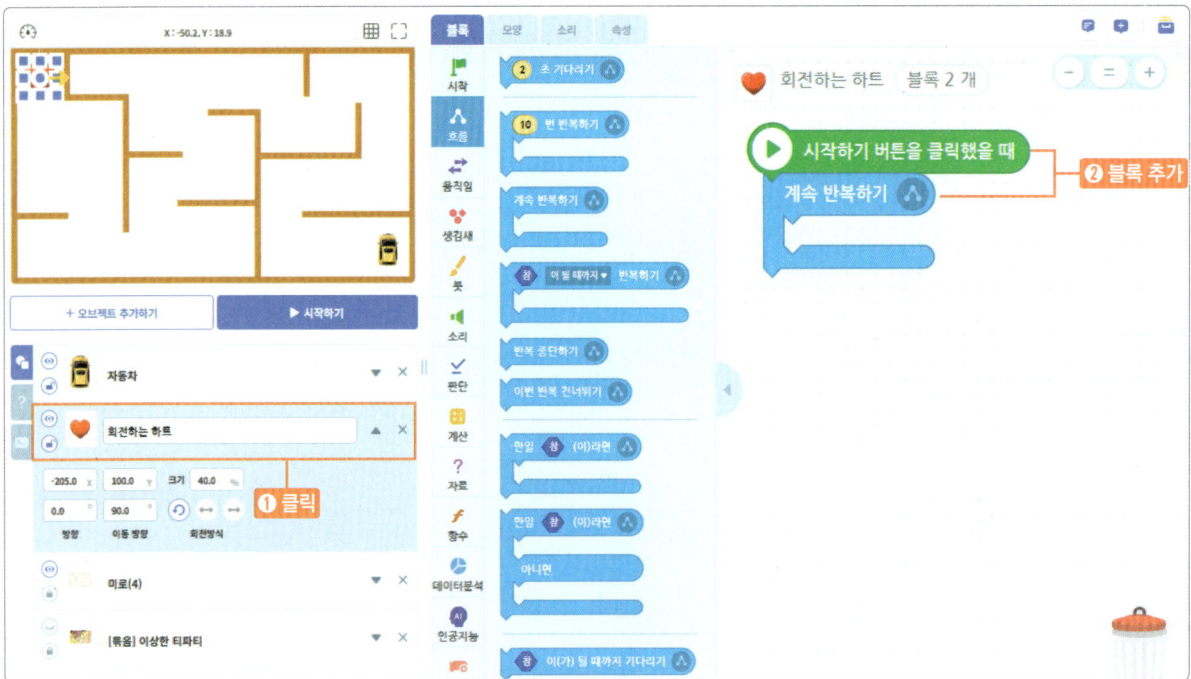

2 회전하는 하트 모양으로 변경하기 위해 블록을 추가해요.

▶ [생김새]- 다음 ▼ 모양으로 바꾸기 ➡ [흐름]- 2 초 기다리기 ⋯ 0.1

▶ 시간(초)을 바꿔서 하트의 회전 속도를 조절할 수 있어요.

1 [시작하기]를 클릭하고 키보드 방향키를 사용해서 조심조심 미로를 탈출해요.

▶ 벽에 닿으면 처음부터 다시 시작해요.

▶ 스페이스바 키를 눌러서 자동차의 모양을 바꿔요.

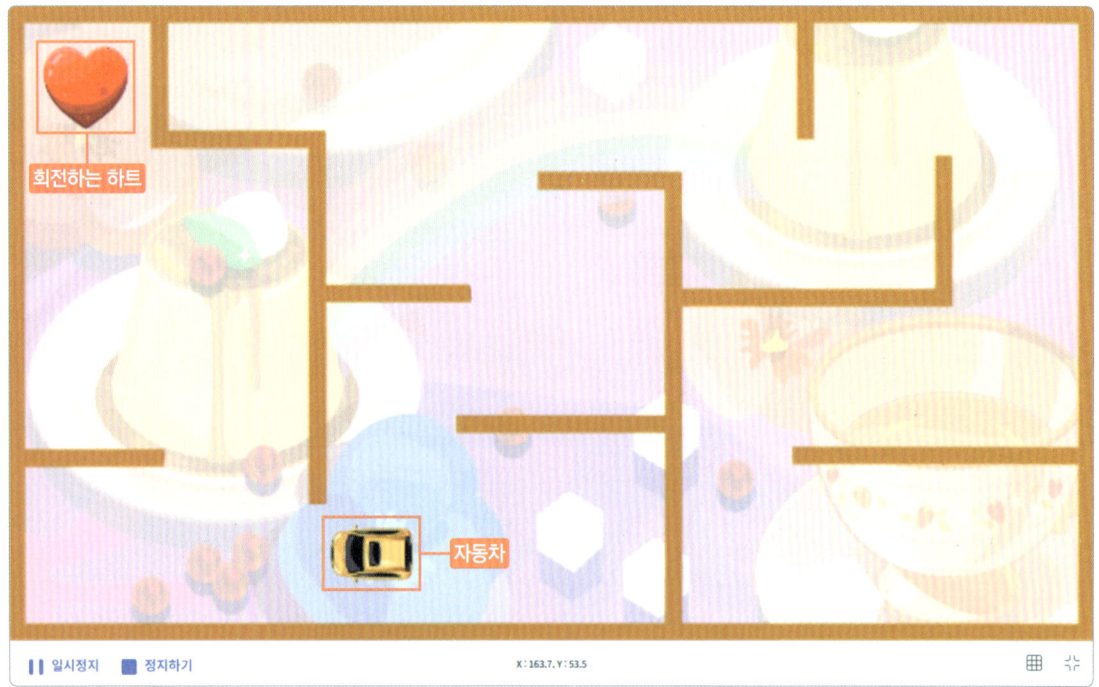

2 자동차를 조심조심 운전해서 회전하는 하트에 닿으면 미션 성공이에요!

CHAPTER 18 도전! 엔트리

■ 불러올 파일 : 미로탈출-2.ent   ■ 완성된 파일 : 미로탈출-2(완성).ent

미션 1

[자동차] 오브젝트를 클릭하고 키보드 방향키를 눌렀을 때 자동차가 움직이도록 [시작]과 [움직임] 꾸러미에서 블록을 추가해요.

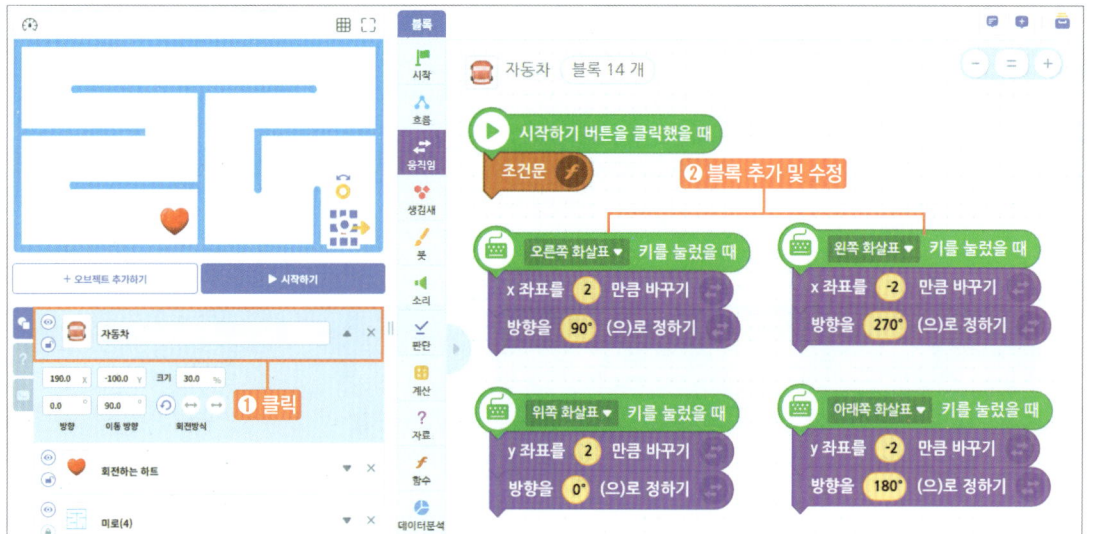

미션 2

[회전하는 하트] 오브젝트를 클릭하고 0.1초 마다 계속 다음 모양으로 바꾸기 위해 [시작], [흐름], [생김새] 꾸러미에서 블록을 추가해요.

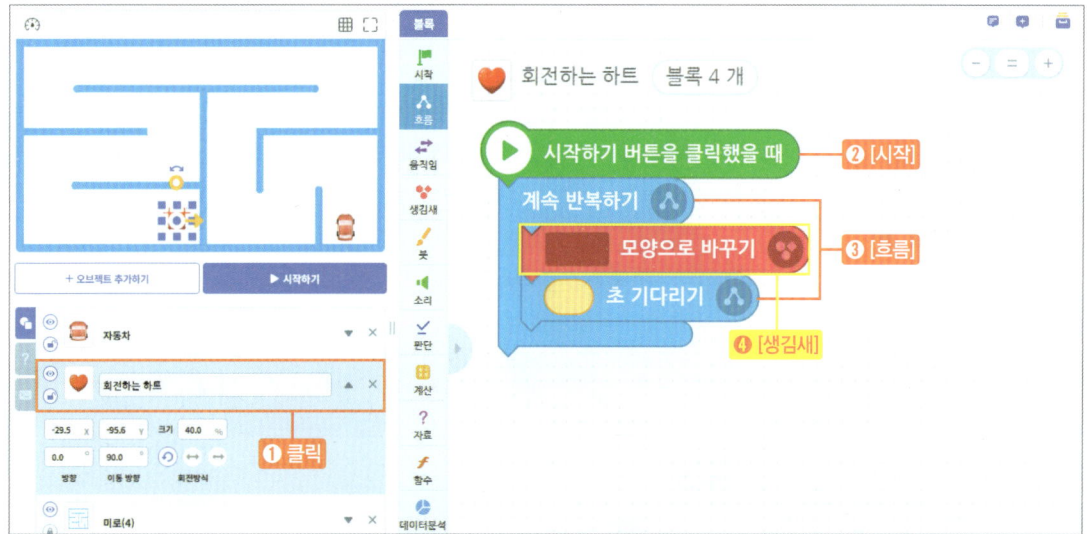

CHAPTER 19 AI 택배차로 배달하기

■ 불러올 파일 : AI 택배차.ent   ■ 완성된 파일 : AI 택배차(완성).ent

- 충전이 완료되면 배달을 시작해요.
- 충전이 필요하면 충전소로 돌아와요.

오늘 배울 내용

충전이 완료되면 배달을 시작해요	충전이 필요하면 충전소로 돌아와요

누가 맞을까?

자동차가 배터리가 다 닳으면 어떻게 해야 할까요?

① 충전소로 간다

② 그냥 달린다

③ 세차한다

01 충전이 완료되면 배달 시작하기

1 엔트리(playentry.org)를 실행하고 [AI 택배차.ent] 파일을 열어요.

2 [AI 택배 자동차] 오브젝트를 클릭하고 '충전완료' 신호를 받았을 때 '택배 배달을 시작합니다'를 1초 동안 말하도록 블록을 추가해요.

▶ [시작]- 신호▼ 신호를 받았을 때 ➡ [생김새]- 안녕! 을(를) 4 초 동안 말하기▼

충전완료 / 택배 배달을 시작합니다 / 1

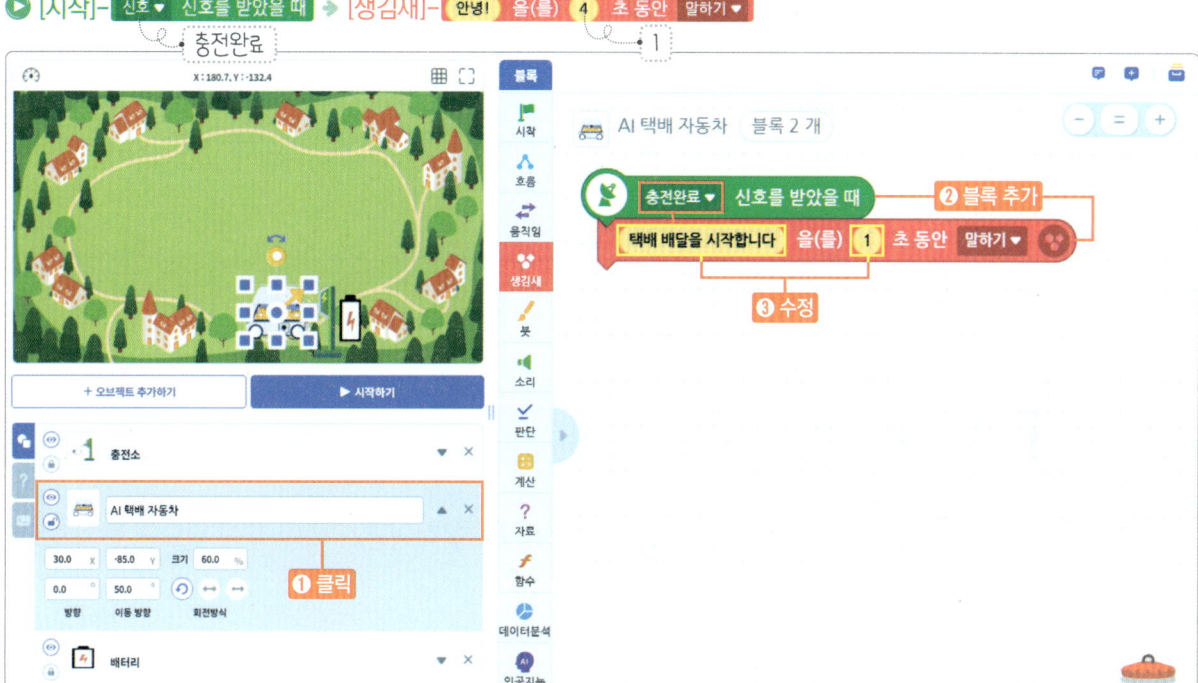

3 조건이 될 때까지 반복하도록 블록을 추가해요.

▶ [흐름]- 참 이 될 때까지▼ 반복하기 ➡ [판단]- 10 < 10

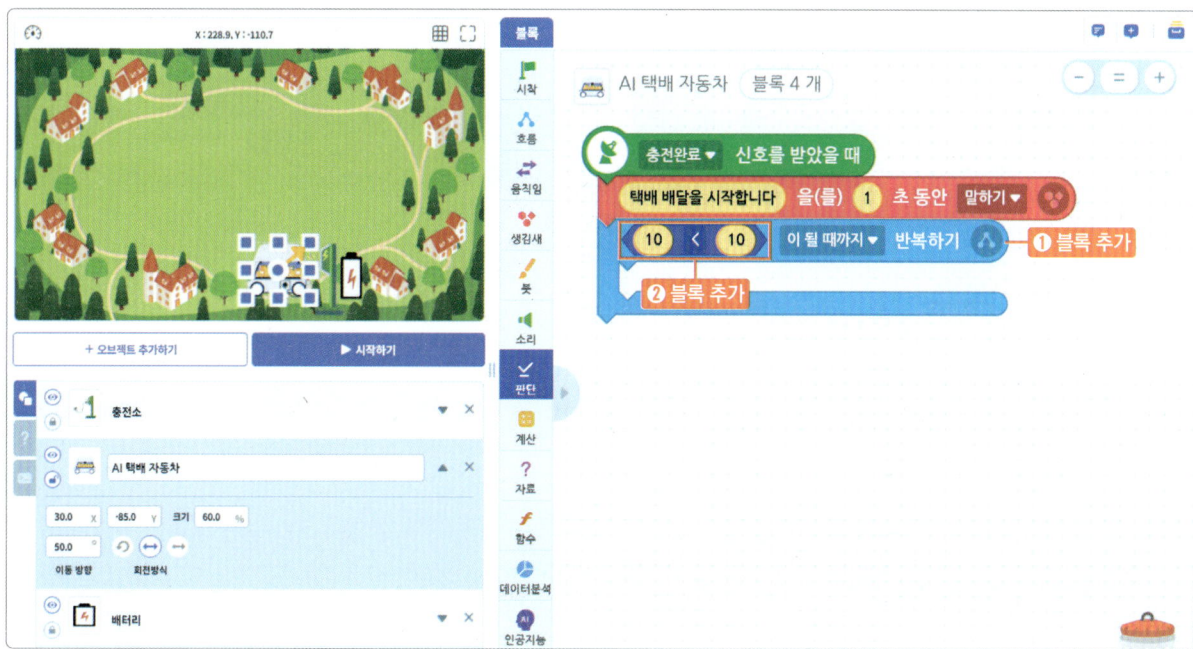

4 배터리 값이 20보다 작아질 때까지 반복해서 배달하도록 블록을 추가하고 조건 값을 변경해요.

▶ [자료]— 변수▼ 값
배터리

5 회전방식을 좌우(↔)로 변경하고 이동 방향으로 10만큼 움직이면서 화면 끝에 닿으면 튕겨지도록 블록을 추가해요.

▶ [움직임]— 이동 방향으로 10 만큼 움직이기 ➡ 화면 끝에 닿으면 튕기기

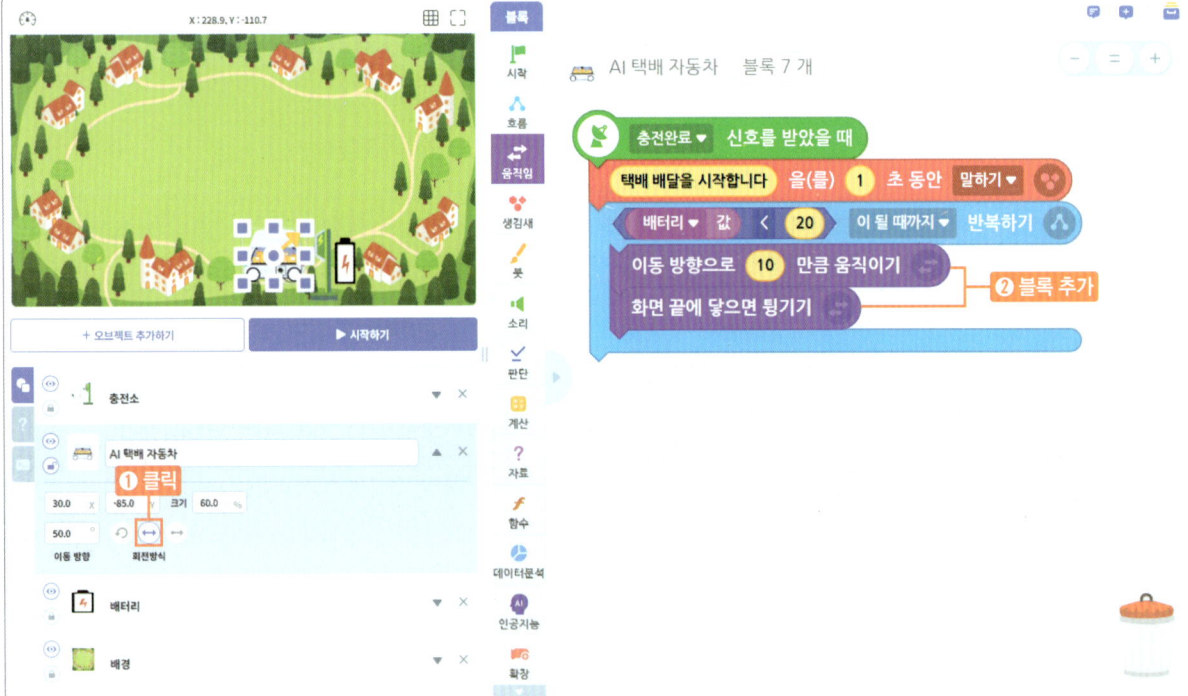

● 회전방식이란?

회전방식 : 360도 설정	자동차가 화면 끝에 닿으면 뒤집어져요

회전방식 : 좌우설정	자동차가 화면 끝에 닿아도 좌우만 바뀌어요.

6 '충전필요' 신호를 받았을 때 '충전이 필요해요'를 '1초' 동안 말하면서 충전 위치로 이동하도록 블록을 추가해요

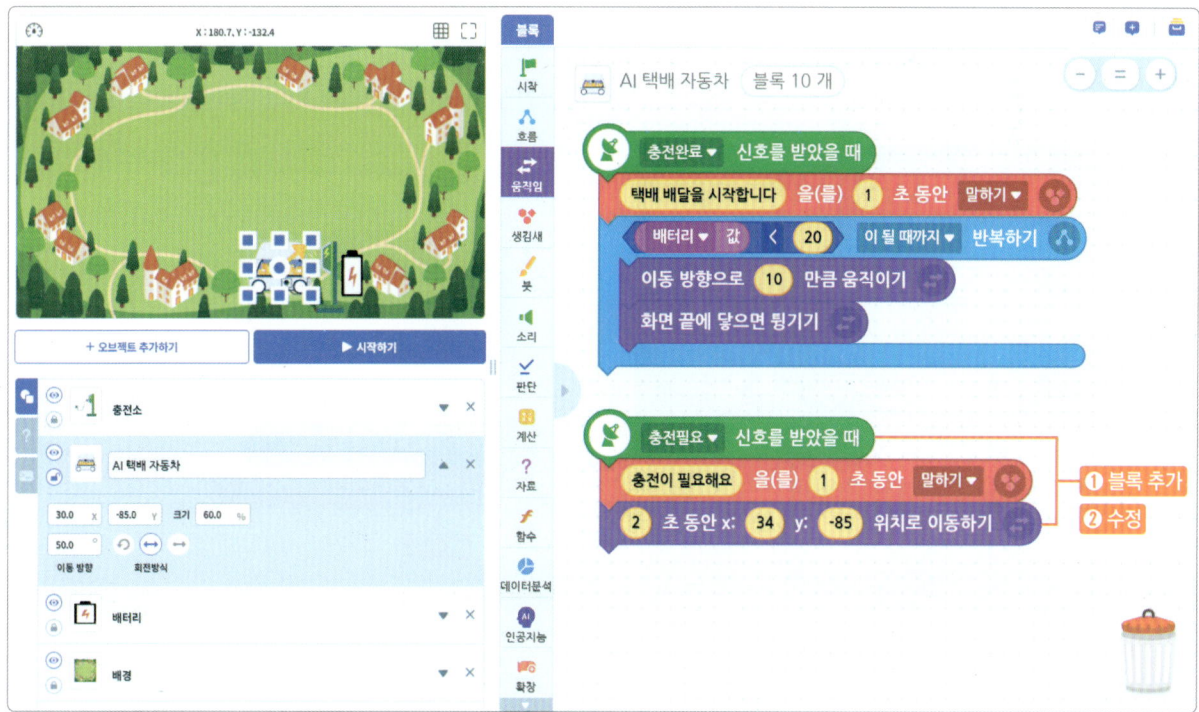

02 충전소의 모양을 바꾸기

1 [충전소] 오브젝트를 클릭하고 '충전필요' 신호를 받았을 때, 자동차가 충전소까지 돌아올 때까지 3초
기다린 후 '충전준비' 모양으로 바꾸도록 블록을 추가해요.

▶ [시작]- 신호 ▼ 신호를 받았을 때 ➡ [흐름]- 2 초 기다리기 ➡ [생김새]- 모양1 ▼ 모양으로 바꾸기
　　　　　　　　충전필요　　　　　　　　　　3　　　　　　　　　　　　　　충전준비

2 '충전완료' 신호를 받았을 때, '충전준비' 모양으로 바꾸도록 블록을 추가해요.

▶ [시작]- 신호 ▼ 신호를 받았을 때 ➡ [생김새]- 모양1 ▼ 모양으로 바꾸기
　　　　　　　　충전완료　　　　　　　　　　　　　충전완료

미션 1

[청소기] 오브젝트를 클릭하고 '배터리 값'이 '20'보다 작아질 때까지 반복해서 이동 방향으로 '3'만큼 움직이도록 [판단], [자료], [움직임] 꾸러미에서 블록을 추가해요.

미션 2

[청소기] 오브젝트를 클릭하고 '충전필요' 신호를 받았을 때 '충전이 필요합니다'를 말한 다음 '1'초 동안 '충전소'로 돌아가도록 [시작], [생김새], [움직임] 꾸러미에서 블록을 추가해요.

CHAPTER 20 자동 세차하기

■ 불러올 파일 : 자동세차.ent   ■ 완성된 파일 : 자동세차(완성).ent

 **학습목표**
- 시작버튼을 세차 누르면 신호를 보내요.
- 순서대로 작동하도록 세차 신호를 보내요.

 **오늘 배울 내용**

시작버튼을 누르면 세차 신호를 보내요	세차 전-거품-물줄기 순서대로 설정해요

 **누가 맞을까?**

자동차 레일을 따라 움직이며 물을 뿌리고 거품을 문지른 후 다시 물을 뿌려 닦아내는 장치를 무엇이라고 할까요?

 ① 자동 세차

 ② 자동 주차

 ③ 자율 주행

01 시작버튼을 누르면 시작 신호 보내기

1 엔트리(playentry.org)를 실행하고 [자동세차.ent] 파일을 열어요.

2 [시작버튼] 오브젝트를 클릭했을 때 '시작' 신호를 보내도록 블록을 추가해요.

▶ [시작]- 오브젝트를 클릭했을 때 ➡ 신호 ▼ 신호 보내기 ➡ [인공지능]- 엔트리 읽어주기 ➡ 세차 시작
⌐ 시작   ⌐ 세차 시작

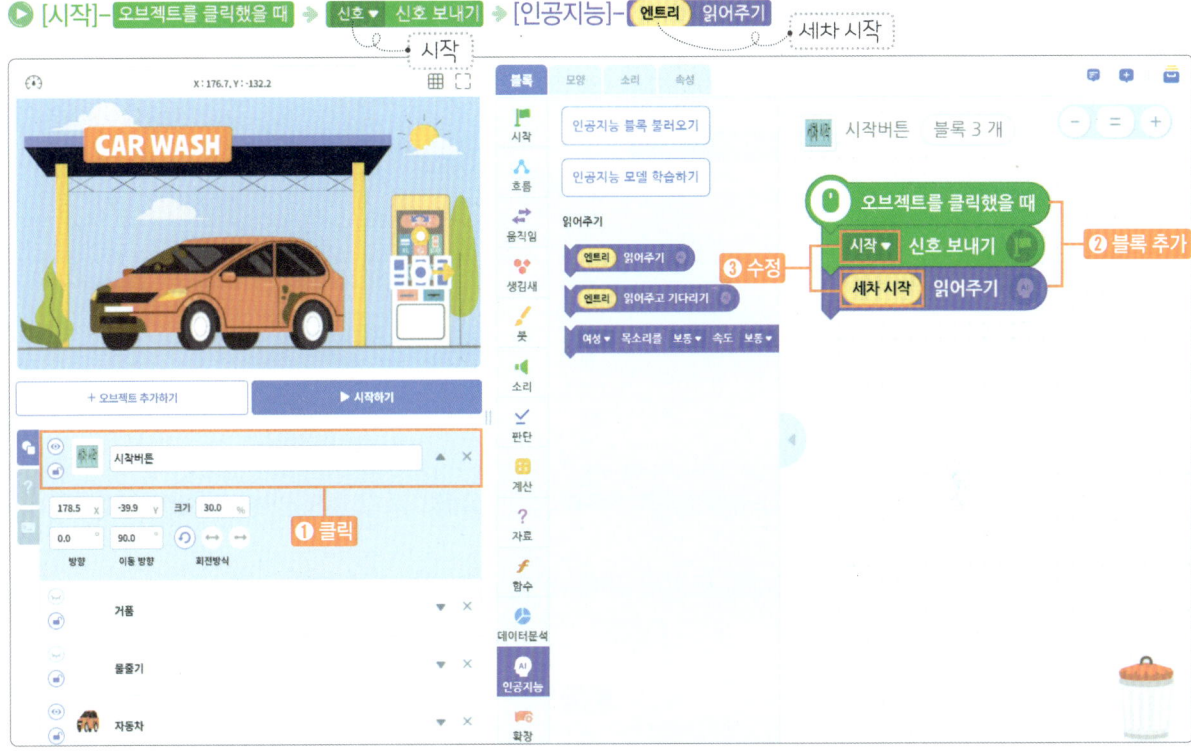

3 [자동차] 오브젝트를 클릭하고 '시작' 신호를 받으면, '세차전' 모양이 나타나도록 블록을 추가해요.

▶ [시작]- 신호 ▼ 신호를 받았을 때 ➡ [생김새]- 모양1 ▼ 모양으로 바꾸기
⌐ 시작   ⌐ 세차전

4 '자동 세차 시작'을 1초 동안 말하도록 블록을 추가해요.

▶ [생김새]- 안녕! 을(를) 4 초 동안 말하기 ▼

5 '거품' 신호를 보낸 다음 자동차의 모양을 '거품' 모양으로 바꾸도록 블록을 추가해요.

▶ [시작]- 신호 ▼ 신호를 받았을 때 ➡ [생김새]- 모양1 ▼ 모양으로 바꾸기

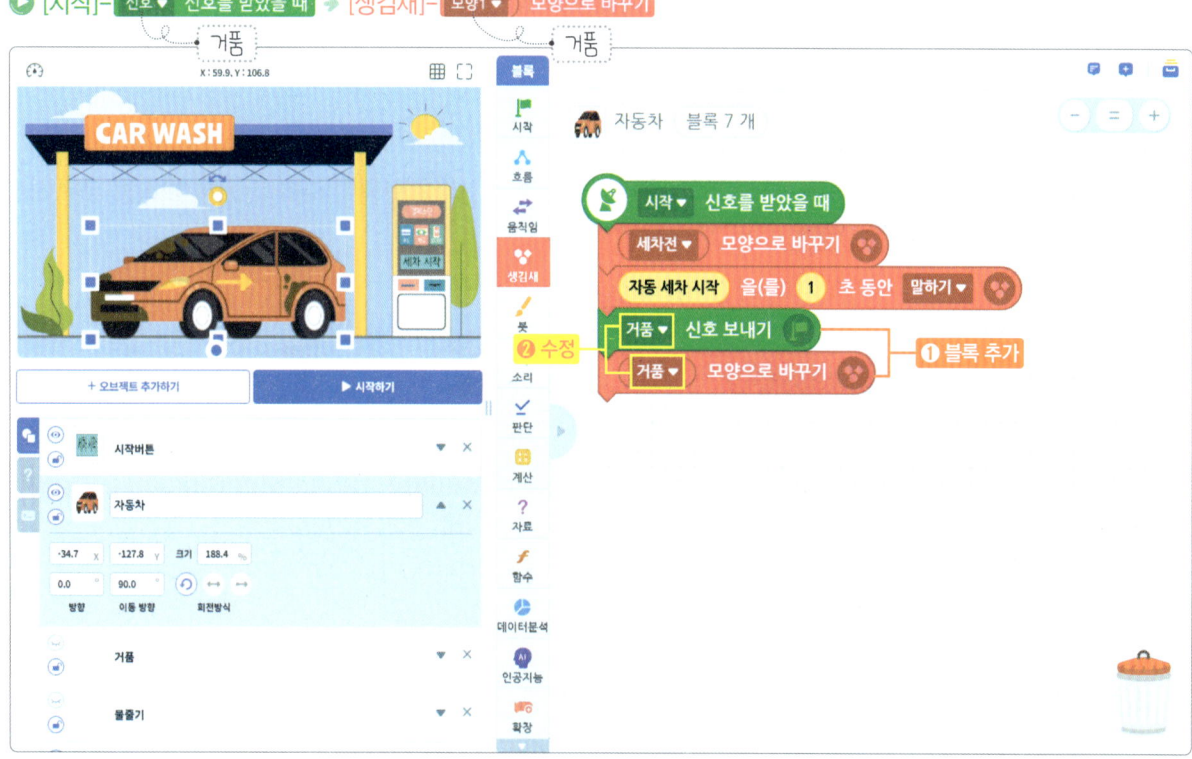

6 '거품' 신호 보내기 블록을 마우스 오른쪽 단추를 클릭하여 [코드 복제]를 클릭해요.

7 복제된 코드를 연결하고 '물줄기' 신호를 보낸 다음 '물줄기' 모양으로 바꾸도록 블록을 수정해요.

8 '거품'과 '물줄기' 단계 사이에 5초 기다리기 블록을 추가해요.

▶ [흐름]- **2** 초 기다리기
　　　　　　　⌐ 5

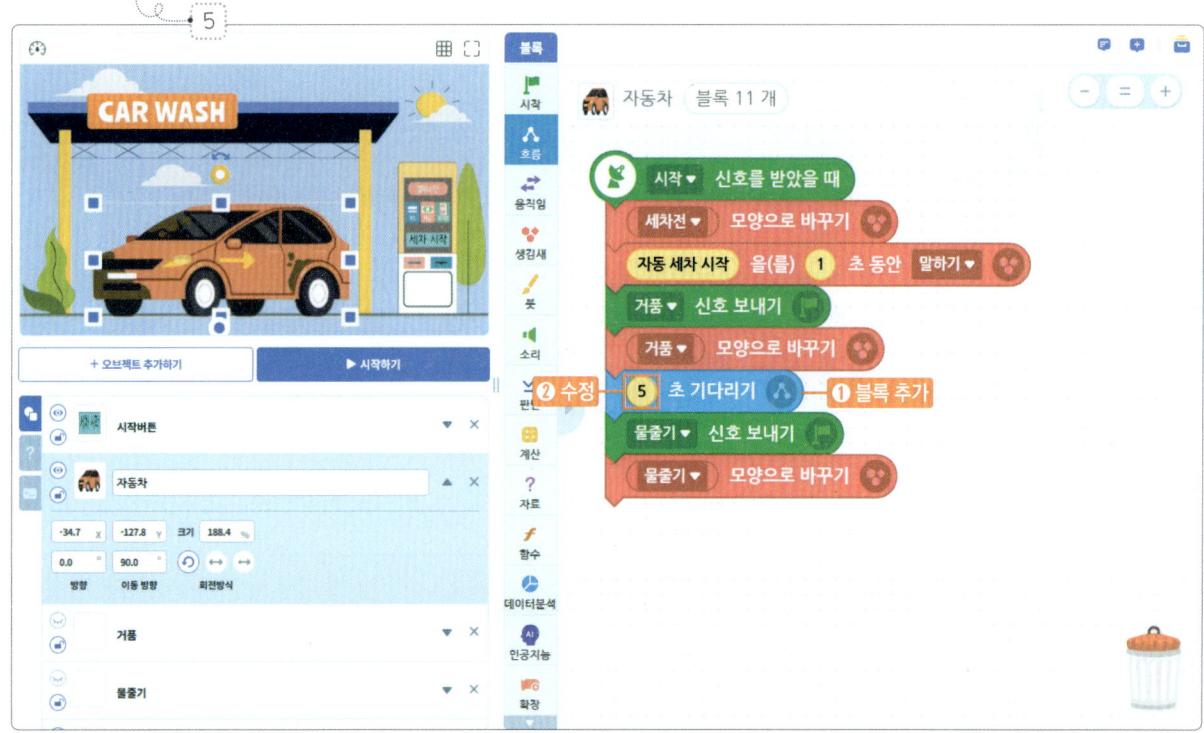

9 '물줄기' 모양으로 바꾼 다음 '2초' 후에 '자동 세차 완료'를 '2초' 동안 말할 수 있도록 블록을 추가해요.

▶ [흐름]- 2 초 기다리기 ➡ [생김새]- 안녕! 을(를) 4 초 동안 말하기 ▼
자동 세차 완료

10 [시작하기]를 클릭하고 [세차 시작] 버튼을 눌러 자동차를 깨끗하게 세차해 주세요.

✋ **여기서 잠깐!**

● **세차 단계별 세차 시간은 몇 초였을까요?**

거품	물줄기

( )초	( )초

■ 불러올 파일 : 자동회오리-2.ent   ■ 완성된 파일 : 자동회오리-2(완성).ent

미션 1

[엔트리봇] 오브젝트를 클릭하고, '공격' 신호를 보낸 다음 '성공' 신호를 보내도록 [시작] 블록을 추가해요.

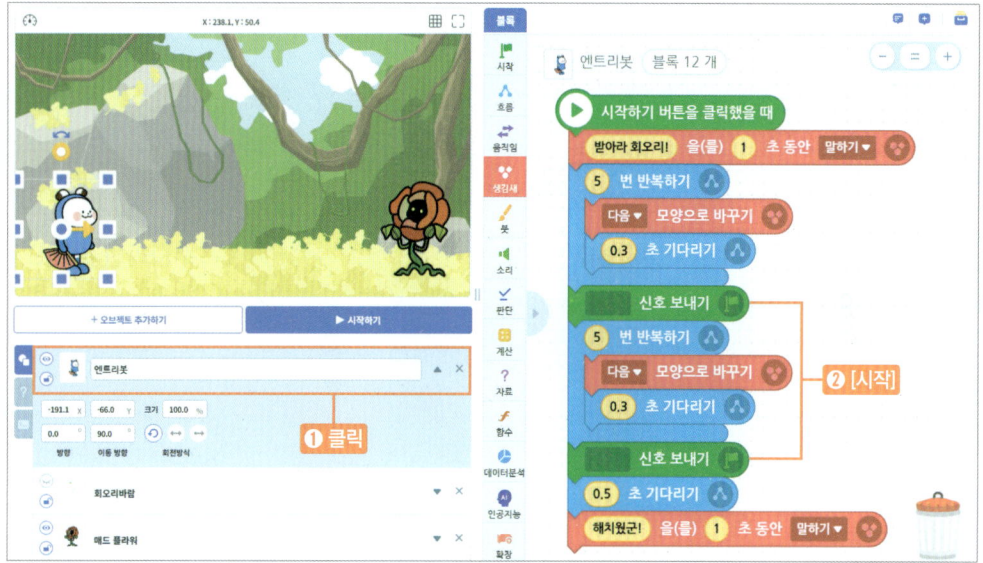

미션 2

[회오리바람] 오브젝트를 클릭하고, 신호에 따라 다르게 움직이도록 블록을 추가해요.
– '공격' 신호를 받았을 때 모양이 보이면서 1초 동안 매드 플라워 위치로 이동하기
– '성공' 신호를 받았을 때 모양 숨기기

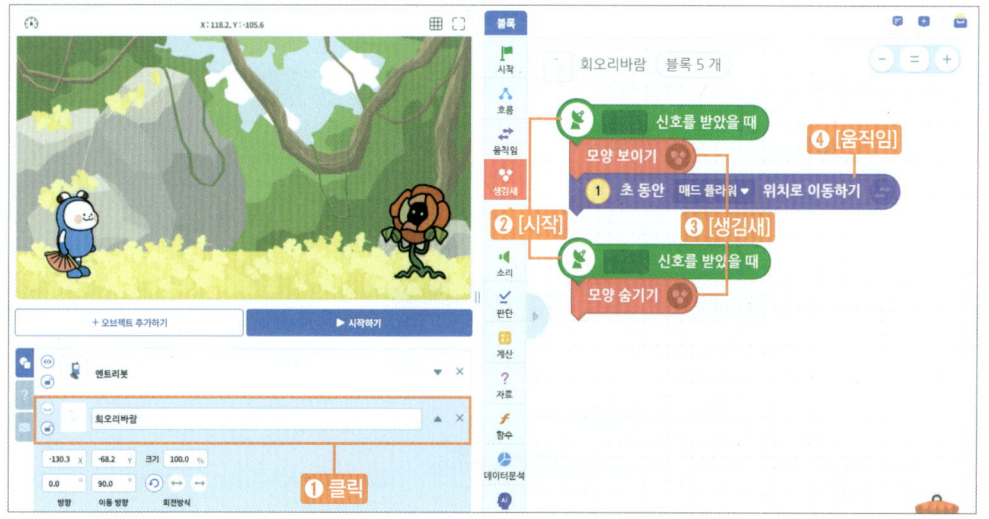

CHAPTER 21 주차 연습하기

■ 불러올 파일 : 주차연습.ent　■ 완성된 파일 : 주차연습(완성).ent

 **학습목표**
- 키보드로 자동차를 움직여요.
- 주차 라인을 밟으면 실패 아니면 성공!

 **오늘 배울 내용**

키보드로 주행하기	주차라인을 밟으면 '실패'

 **누가 맞을까?**

자동차를 정확한 위치에 세우는 것을 무엇이라고 할까요?

① 주차　② 충전　③ 점프

1 엔트리(playentry.org)를 실행하고 [주차연습.ent] 파일을 열어요.

2 [자동차] 오브젝트를 클릭하고 시작하기를 클릭했을 때 계속 반복하도록 블록을 추가해요.

▶ [시작]- 시작하기 버튼을 클릭했을 때 ➡ [흐름]- 계속 반복하기

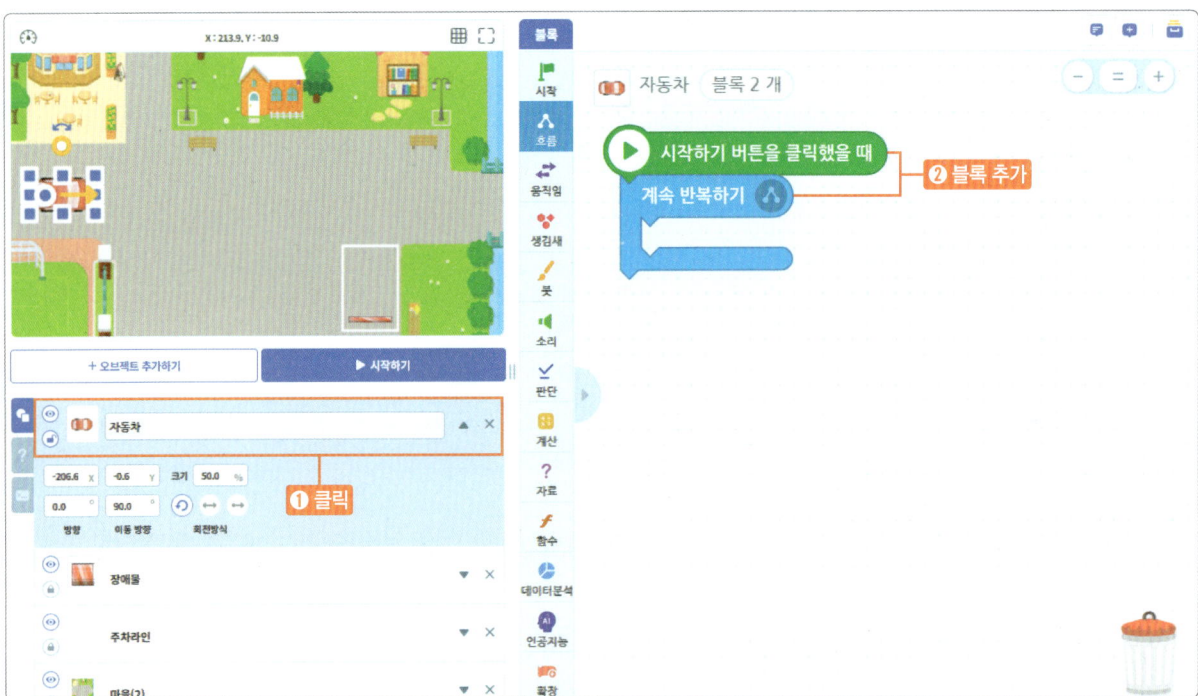

3 조건을 설정하기 위해 [흐름]- 만일 참 (이)라면 블록을 추가해요.

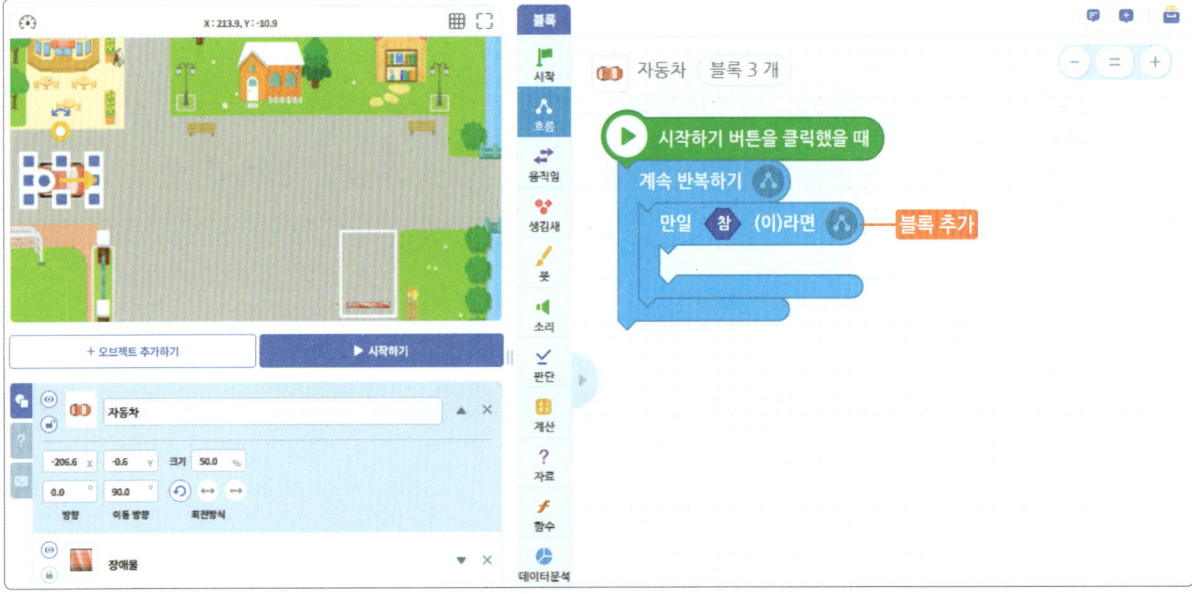

4 ▶ 만일 '위쪽 화살표' 키를 눌렀다면 이동 방향으로 1만큼 움직이도록 블록을 추가해요.

▶ [판단]- q▼ 키가 눌러져 있는가? ➔ [움직임]- 이동 방향으로 10 만큼 움직이기
위쪽 화살표   1

5 ▶ 조건 블록을 복제하고 '아래쪽 화살표' 키를 눌렀을 때 이동 방향으로 –1만큼 움직이도록 블록을 수정해요.

▶ [판단]- q▼ 키가 눌러져 있는가? ➔ [움직임]- 이동 방향으로 10 만큼 움직이기
아래쪽 화살표   –1

6 만일 '오른쪽 화살표' 키를 눌렀을 때 방향을 1°만큼 회전하도록 블록을 추가해요.

▶ [움직임]- 방향을 90° 만큼 회전하기
⌐1

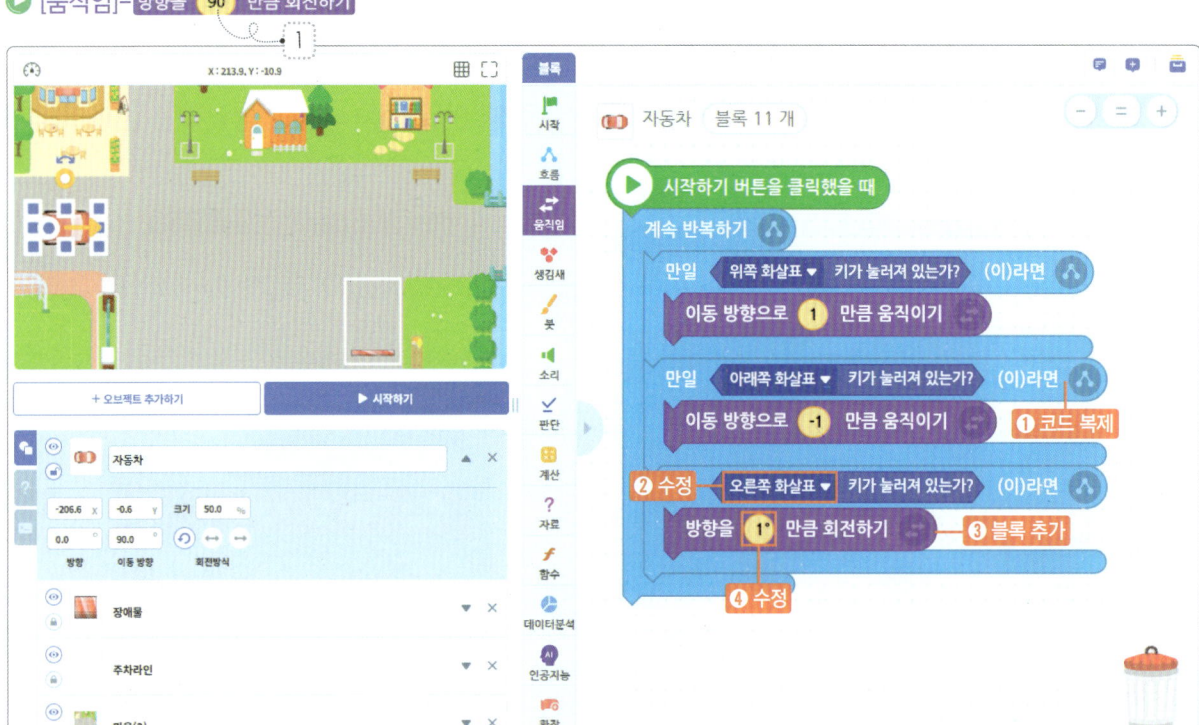

7 조건 블록을 복제하고 '왼쪽 화살표' 키를 눌렀을 때 방향을 −1°만큼 회전하도록 블록을 수정해요.

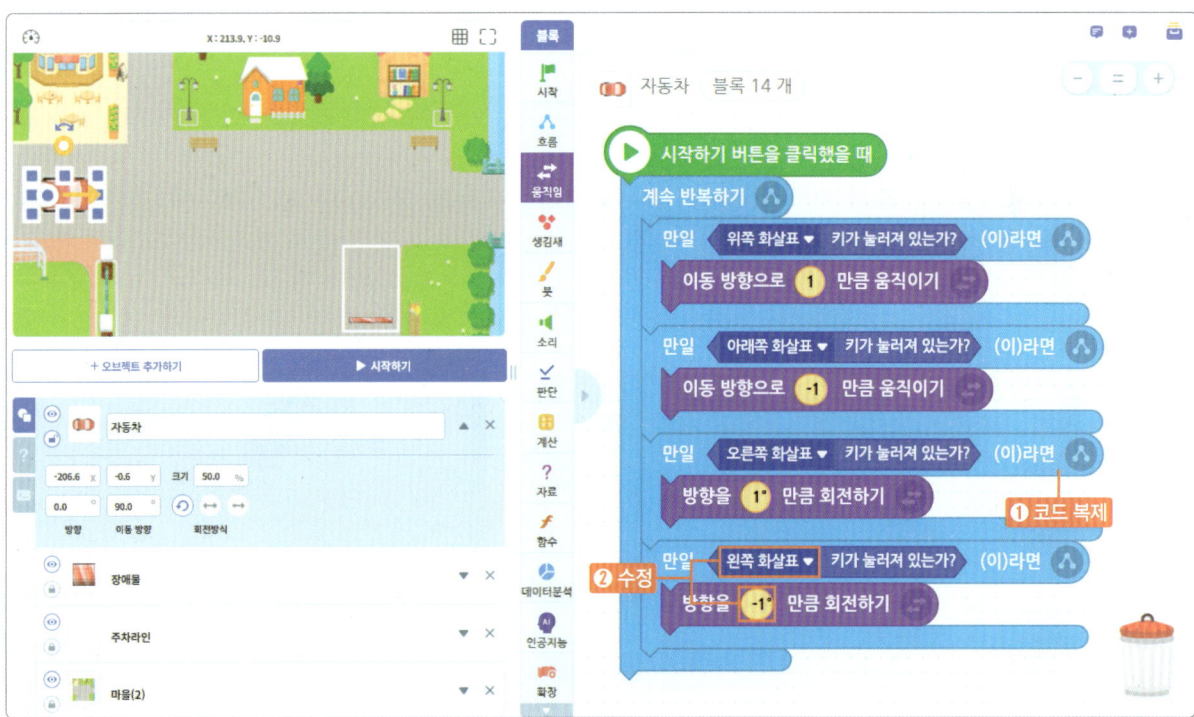

1 [자동차] 오브젝트를 클릭하고 '도착' 신호를 받았을 때 만일 '주차라인'에 닿았다면 실패, 아니면 성공을 말하도록 블록을 추가해요.

▶ [시작]- 신호 ▼ 신호를 받았을 때 → [흐름]- 만일 참 (이)라면 아니면 → [생김새]- 안녕! 을(를) 4 초 동안 말하기 ▼
· 도착   · 실패/성공

2 [시작하기]를 클릭하고 키보드 방향키를 사용해서 자동차를 움직여요. 주차라인에 닿지 않도록 조심조심 주차를 완료해 주세요!

| 주차 성공 | 주차 실패 |

■ 불러올 파일 : 주차연습-2.ent　　■ 완성된 파일 : 주차연습-2(완성).ent

미션 1

[로켓(2)] 오브젝트를 클릭하고 **키보드 방향키로 움직일 수 있도록** [판단]과 [움직임] 블록을 추가해요.

– 위쪽 화살표 : 이동 방향으로 1만큼 움직이기 / 아래쪽 화살표 : 이동 방향으로 –1만큼 움직이기

– 오른쪽 화살표 : 방향을 1°만큼 회전하기 / 왼쪽 화살표 : 방향을 –1°만큼 회전하기

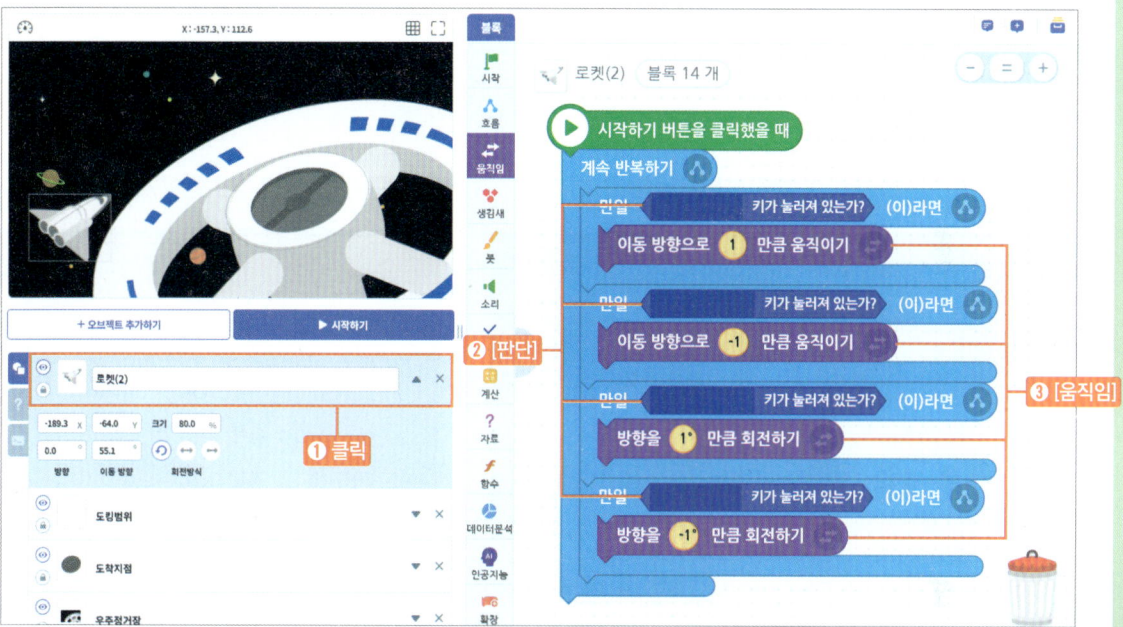

미션 2

[로켓(2)] 오브젝트가 '도착' 신호를 받았을 때 만일 **도킹범위에 닿았다면 도킹 불가**, 아니면 **도킹 가능**이라고 말하도록 [판단]과 [생김새] 블록을 추가해요.

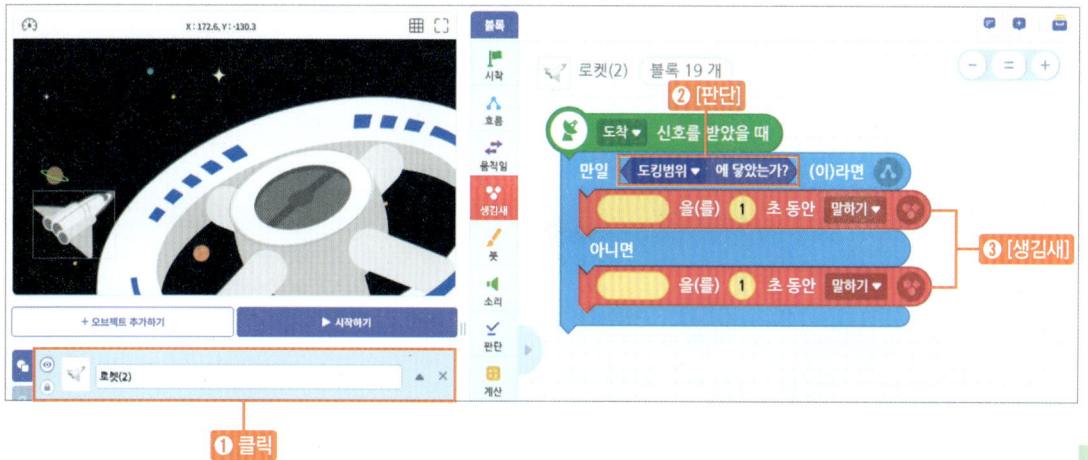

CHAPTER 22 차량 감지하기

■ 불러올 파일 : 후측방센서.ent   ■ 완성된 파일 : 후측방센서(완성).ent

- 차선을 변경할 때 차량을 감지해요.
- 차량 감지 센서에 투명도 효과와 소리를 재생해요.

오늘 배울 내용

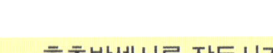
후측방센서를 작동시켜요

차가 오는 방향으로 움직이려고 하면 경고!

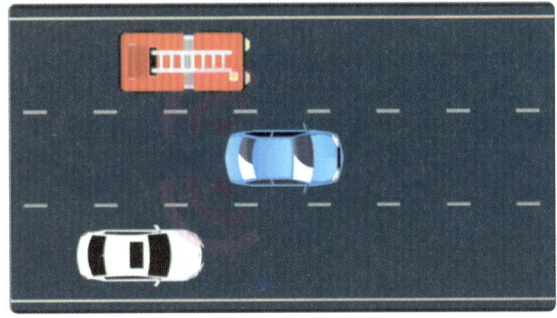

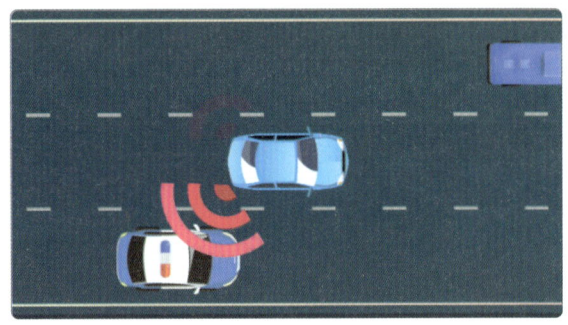

누가 맞을까?

자동차에 차량 감지센서를 달면 어떤 것을 알 수 있을까요?

① 다른 자동차가 오는지

② 음악 소리

③ 창문 색깔

01 차량 감지 센서 설정하기

1 엔트리(playentry.org)를 실행하고 [후측방센서.ent] 파일을 열어요.

2 [우측센서] 오브젝트를 클릭하고 시작하기 버튼을 클릭했을 때 계속해서 투명도 효과를 80으로 정하도록 블록을 추가해요.

▶ [시작]- 시작하기 버튼을 클릭했을 때 ➡ [흐름]- 계속 반복하기 ➡ [생김새]- 색깔 ▾ 효과를 100 (으)로 정하기

80
투명도

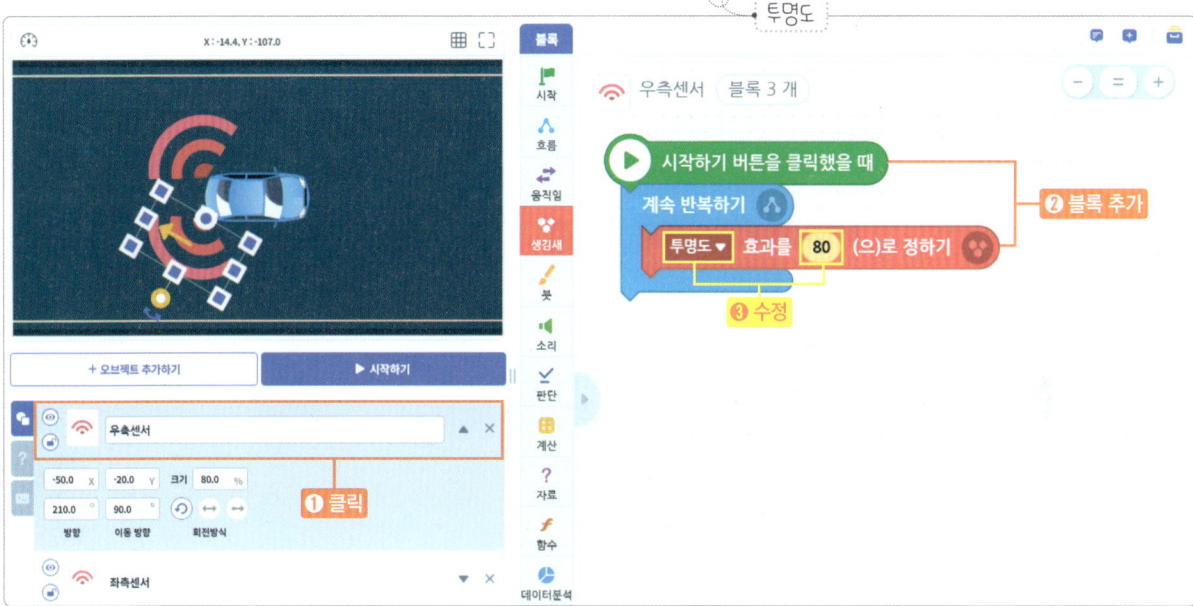

3 다음 모양으로 바꾼 다음 0.1초 후에 다시 반복할 수 있도록 블록을 추가해요.

▶ [생김새]- 다음 ▾ 모양으로 바꾸기 ➡ [흐름]- 2 초 기다리기

0.1

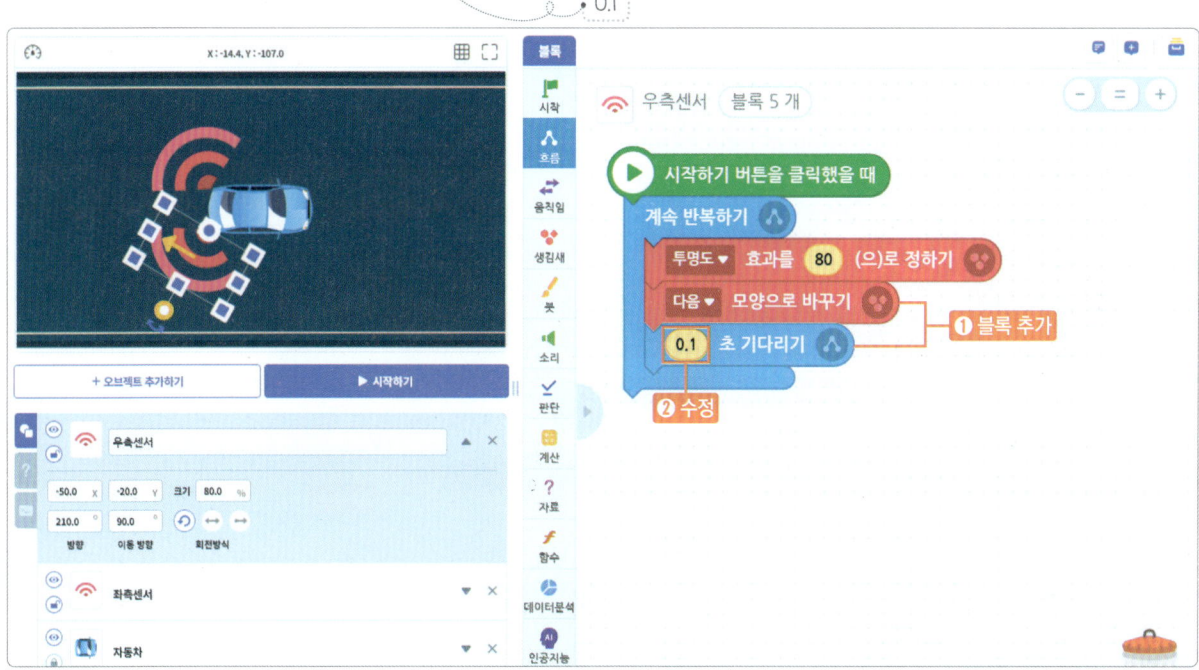

1 만일 오른쪽 화살표 키가 눌러져 있는가? 라는 조건 블록을 추가해요.

▶ [흐름]- 만일 참 (이)라면 ⇒ [판단]- q ▼ 키가 눌러져 있는가?

오른쪽 화살표

2 조건문 안에 한 번 더 조건을 설정하기 위해 조건문 안에 조건 블록을 끼워 넣고 오른쪽 차에 닿았는가?
블록으로 변경해요.

▶ [흐름]- 만일 참 (이)라면 ⇒ [판단]- 대상 없음 ▼ 에 닿았는가?

오른쪽차

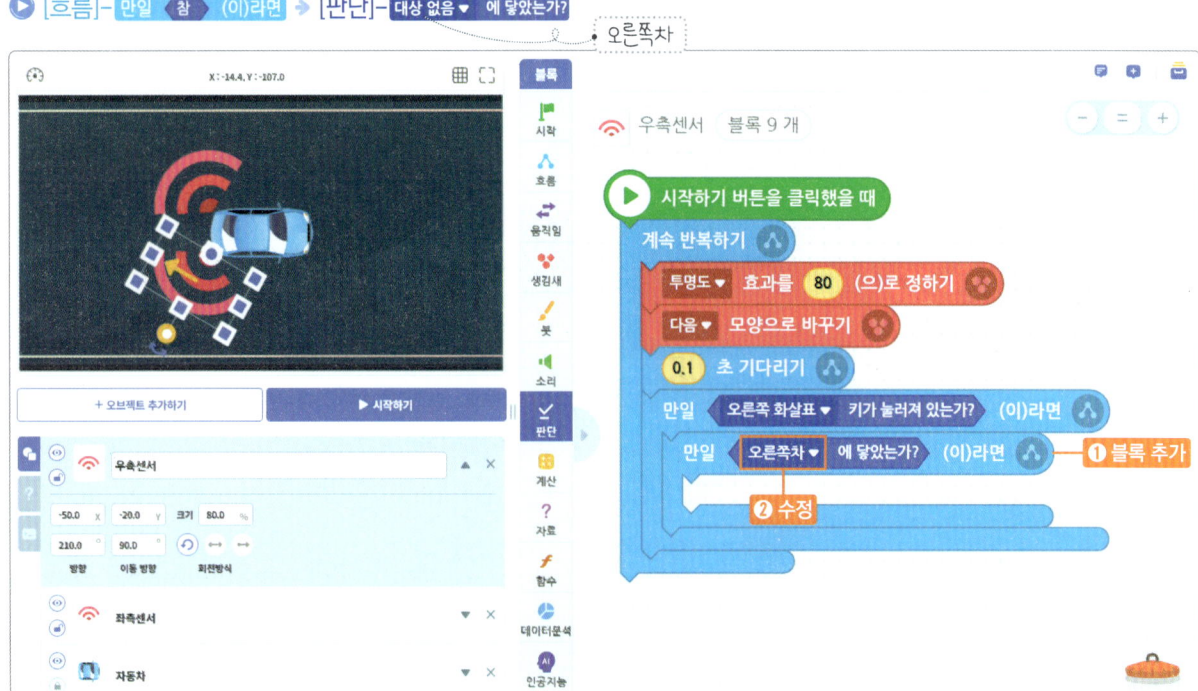

3 만일 오른쪽 차에 닿았다면 우측 센서가 잘 보이도록 투명도 효과를 0으로 설정해요.

▶ [생김새]- 색깔▼ 효과를 100 (으)로 정하기
　　　　투명도　　　　　　　　　0

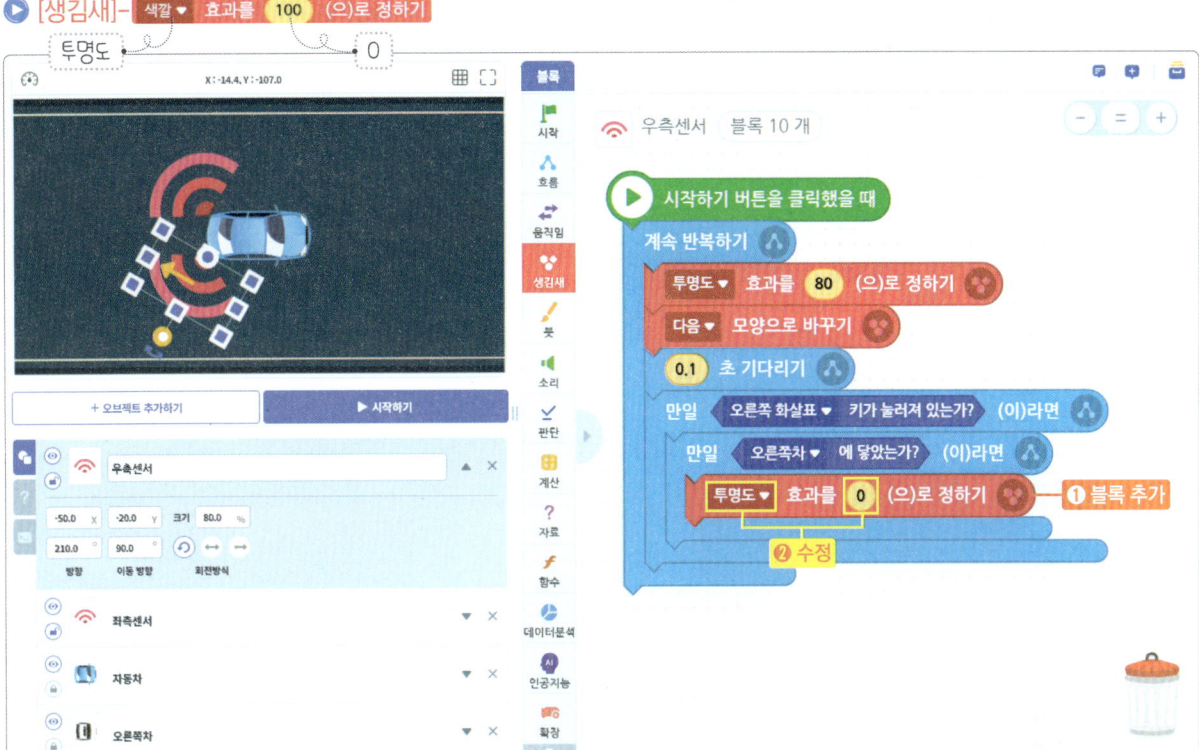

4 만일 오른쪽 차에 닿았다면 자동차 경적소리가 재생되도록 자동차 경적소리2를 추가해요.

▶ [소리]- 소리 소리▼ 재생하기
　　　　　　　자동차 경적소리2

5 ▶ [우측센서] 오브젝트의 첫 번째 블록에서 마우스 오른쪽 단추를 누르고 [코드 복사하기]를 클릭해요.

6 ▶ [좌측센서] 오브젝트를 클릭하고 마우스 오른쪽 단추를 눌러 [붙여넣기]를 클릭해요.

우측센서 : 코드 복사하기   좌측센서 : 코드 붙여넣기

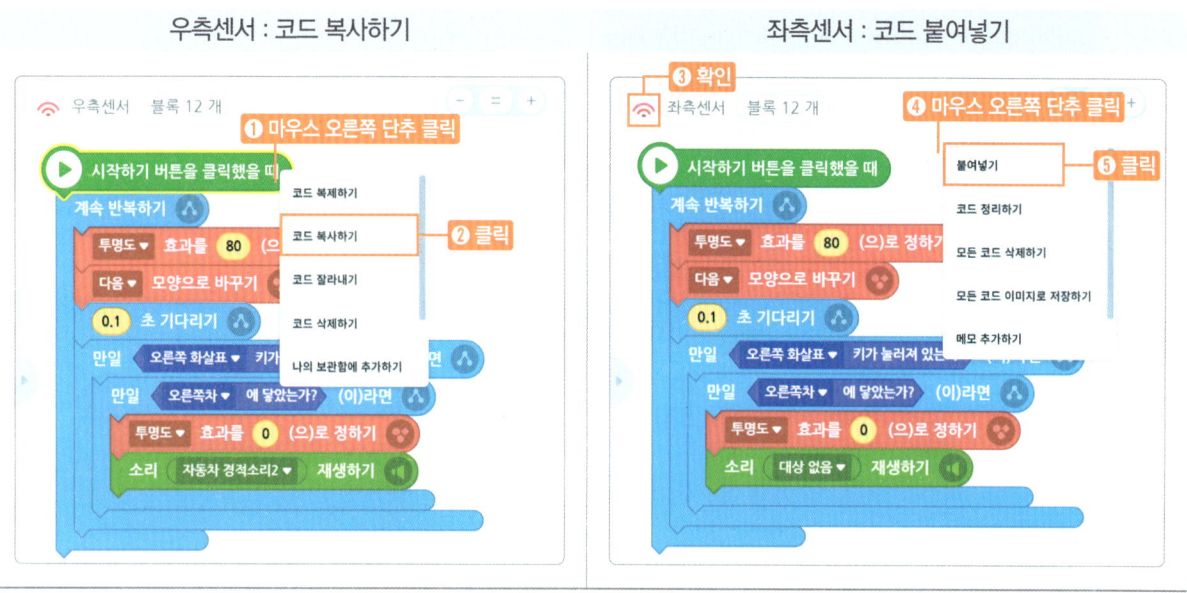

7 ▶ 만일 왼쪽 화살표가 눌러져 있고, 왼쪽 차에 닿았다면 자동차 경적소리2가 재생되도록 코드를 수정해요.

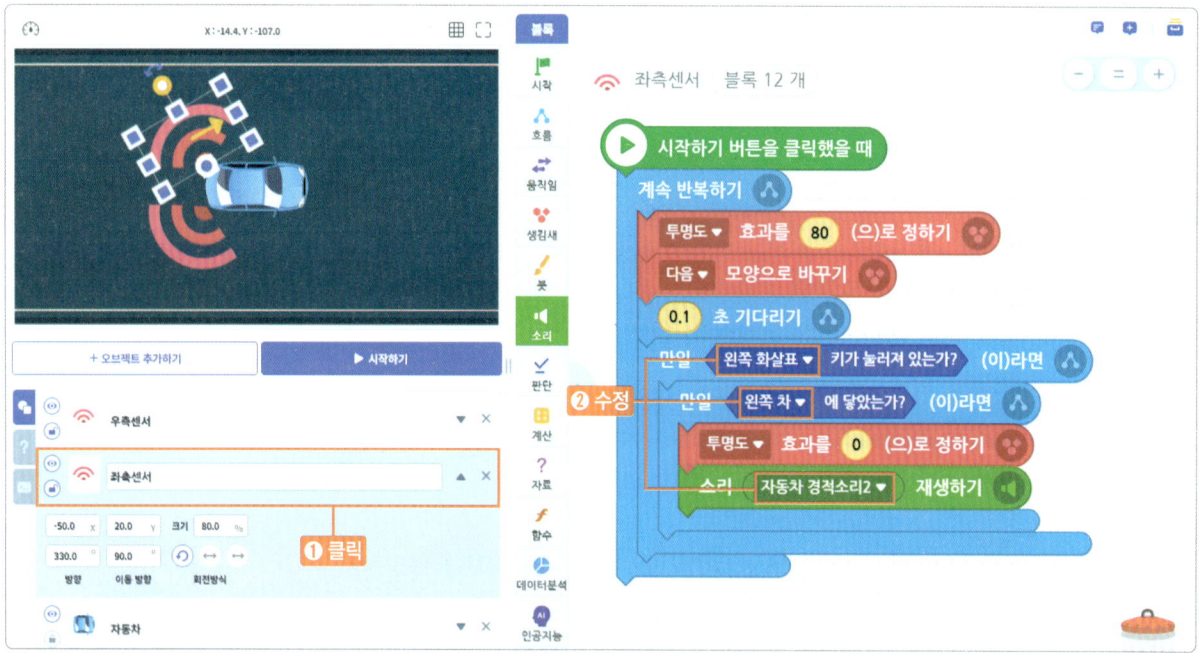

8 ▶ [시작하기]를 클릭하고 다른 차가 지나가는 방향으로 화살표를 클릭할 때 좌측/우측 센서의 투명도 효과를 확인하고, 자동차 경적소리가 들리는지 확인해요.

CHAPTER 22 도전! 엔트리

■ 불러올 파일 : 배구 연습-2.ent　■ 완성된 파일 : 배구 연습-2(완성).ent

미션 1

[오른손] 오브젝트를 클릭하고 **오른쪽 화살표**를 눌렀을 때, **오른쪽 공**에 닿으면 **휙 지나가는 소리2**가 나도록 [판단]과 [소리] 블록을 추가해요.

미션 2

[오른손] 오브젝트의 전체 블록을 복사하여 [왼손] 오브젝트에 붙여넣기하고 **왼쪽 화살표**를 눌렀을 때, **왼쪽 공**에 닿으면 **휙 지나가는 소리2**가 나도록 수정해요.

CHAPTER 23 레트로게임 만들기-1

■ 불러올 파일 : 레트로게임1.ent   ■ 완성된 파일 : 레트로게임1(완성).ent

■ 시작버튼을 누르면 다음 장면으로 이동해요.

■ 좌우 방향키로 자동차를 조종해요.

시작화면 만들기

자동차 움직이기

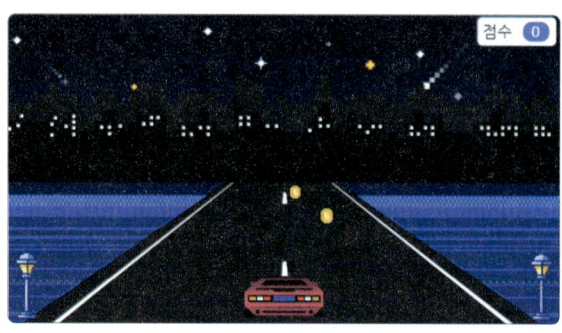

누가 맞을까?

옛날 스타일의 게임을 만드는 것을 무엇이라고 할까요?

① 레트로 게임   ② 최신 게임   ③ VR 게임

01 시작화면 만들기

1 엔트리(playentry.org)를 실행하고 [레트로게임1.ent] 파일을 열어요.

2 [레츠 플레이] 오브젝트를 클릭하고 시작하기를 클릭했을 때 계속 반복하도록 블록을 추가해요.

▶ [시작]- 시작하기 버튼을 클릭했을 때 ➡ [흐름]- 계속 반복하기

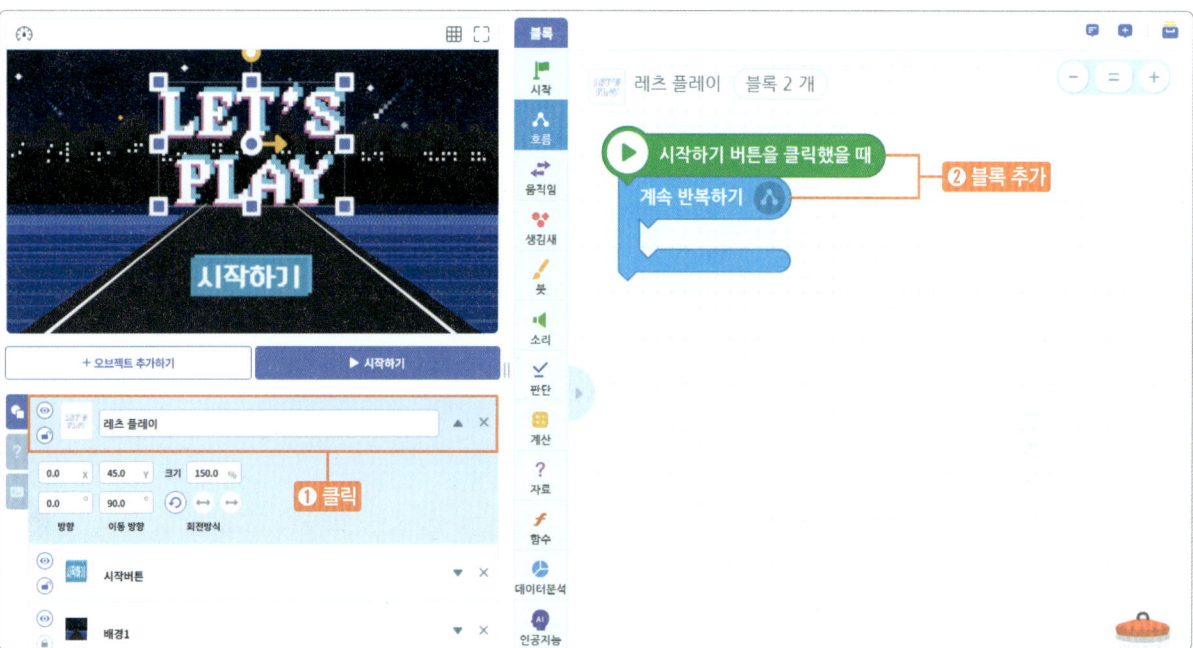

3 0.2초마다 색깔 효과를 10만큼 주도록 블록을 추가해요.

▶ [생김새]- 색깔▼ 효과를 10 만큼 주기 ➡ [흐름]- 2 초 기다리기 ⋯ 0.2

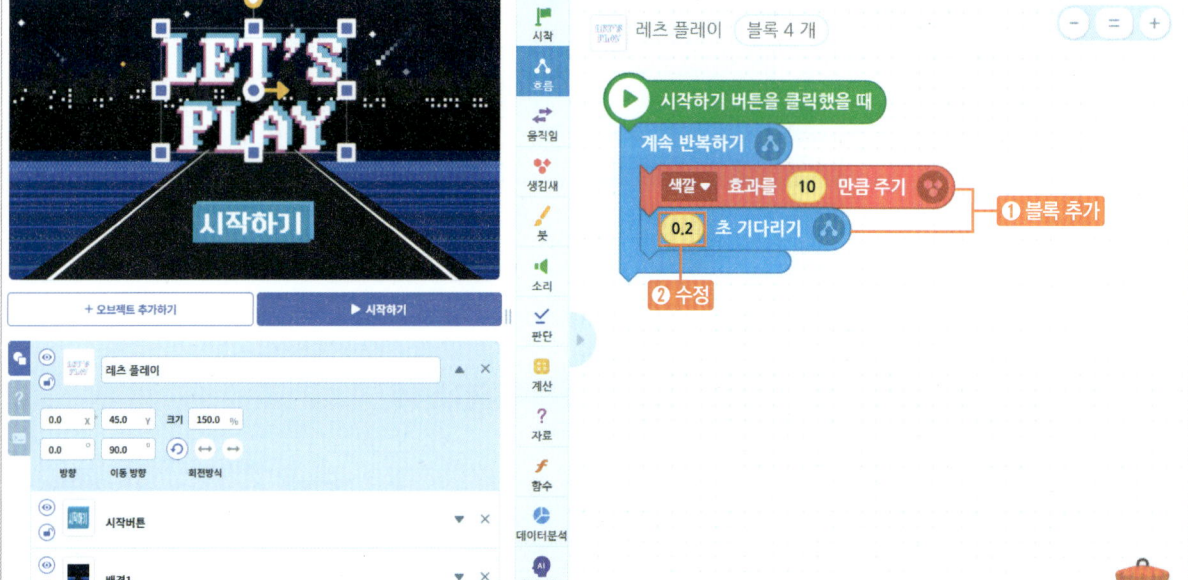

4 ▶ [시작하기] 오브젝트를 클릭했을 때 크기를 60으로 정하도록 블록을 추가해요.

▶ [생김새]-**크기를 100 (으)로 정하기** ➡ [흐름]-**2 초 기다리기** ⋯ 0.1

⋯ 60

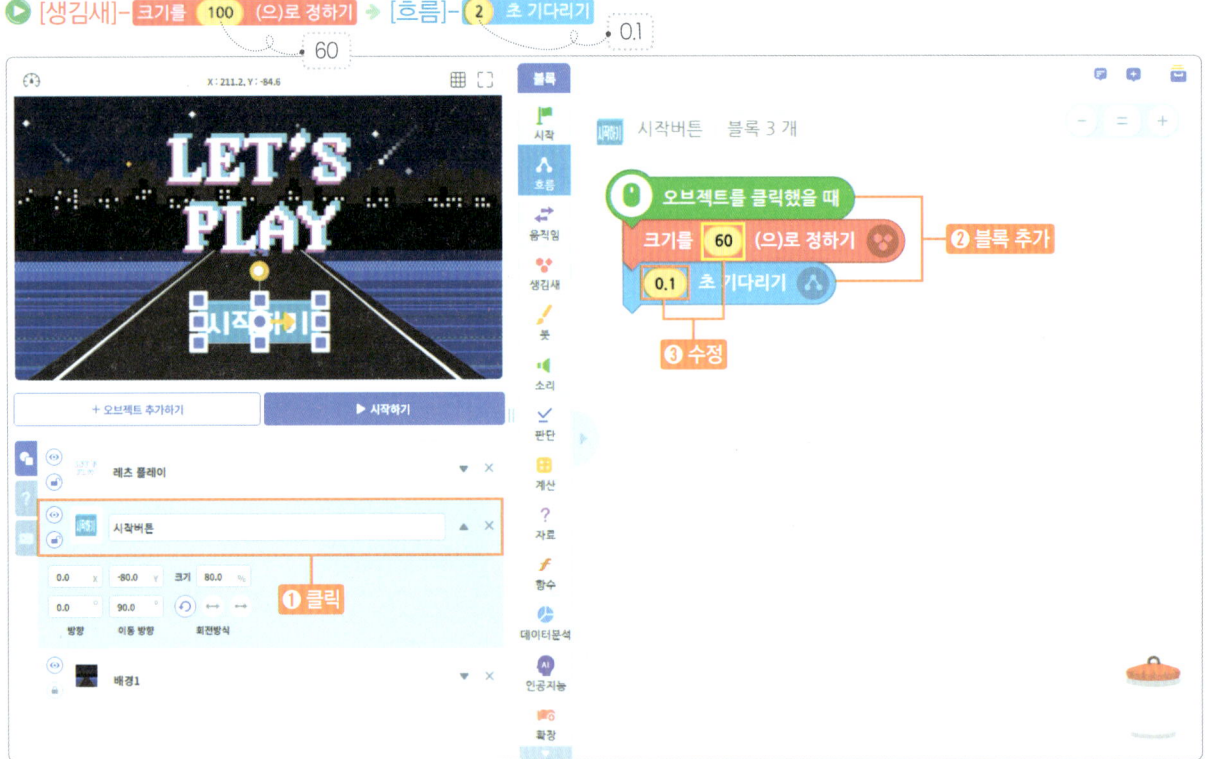

5 ▶ [시작버튼] 오브젝트의 크기가 작아졌다 커지면서 버튼 눌리는 모습을 표현한 후 다음 장면을 시작하도록 블록을 추가해요.

▶ [생김새]-**크기를 100 (으)로 정하기** ➡ [흐름]-**2 초 기다리기** ➡ [시작]-**다음▾ 장면 시작하기**

⋯ 80 ⋯ 0.1

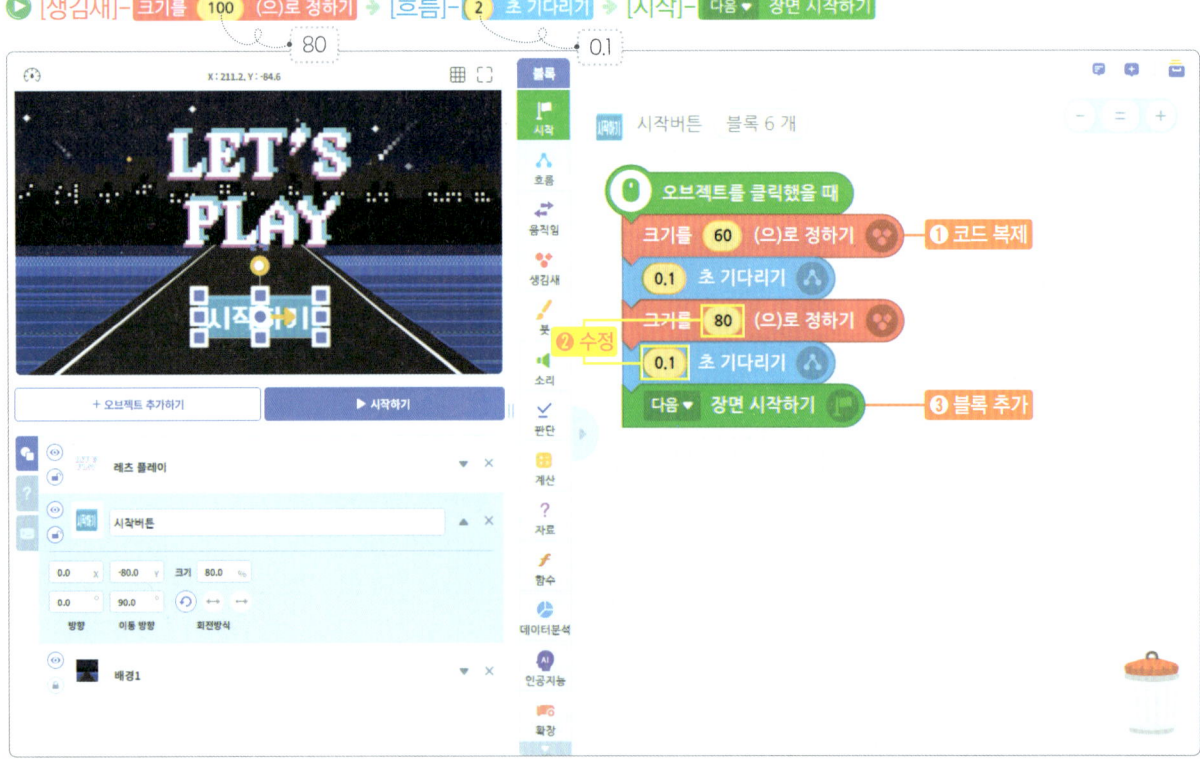

1 [게임화면] 장면의 [자동차] 오브젝트를 클릭하고 오른쪽 화살표 키를 눌렀을 때 오른쪽으로 10만큼 바꾸도록 블록을 추가해요.

▶ [시작]- q ▼ 키를 눌렀을 때 ➡ [움직임]- x 좌표를 10 만큼 바꾸기

오른쪽 화살표

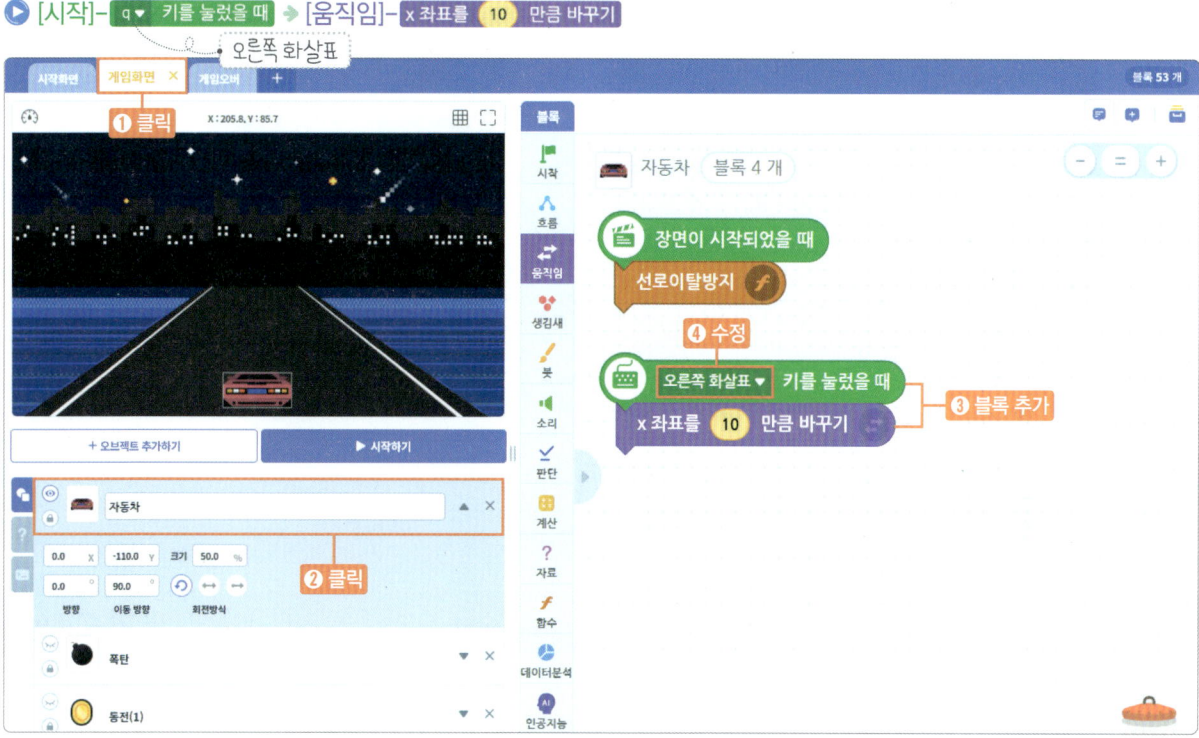

2 코드를 복제하여 왼쪽 화살표 키를 눌렀을 때 왼쪽으로 10만큼 바꾸도록 블록을 수정해요.

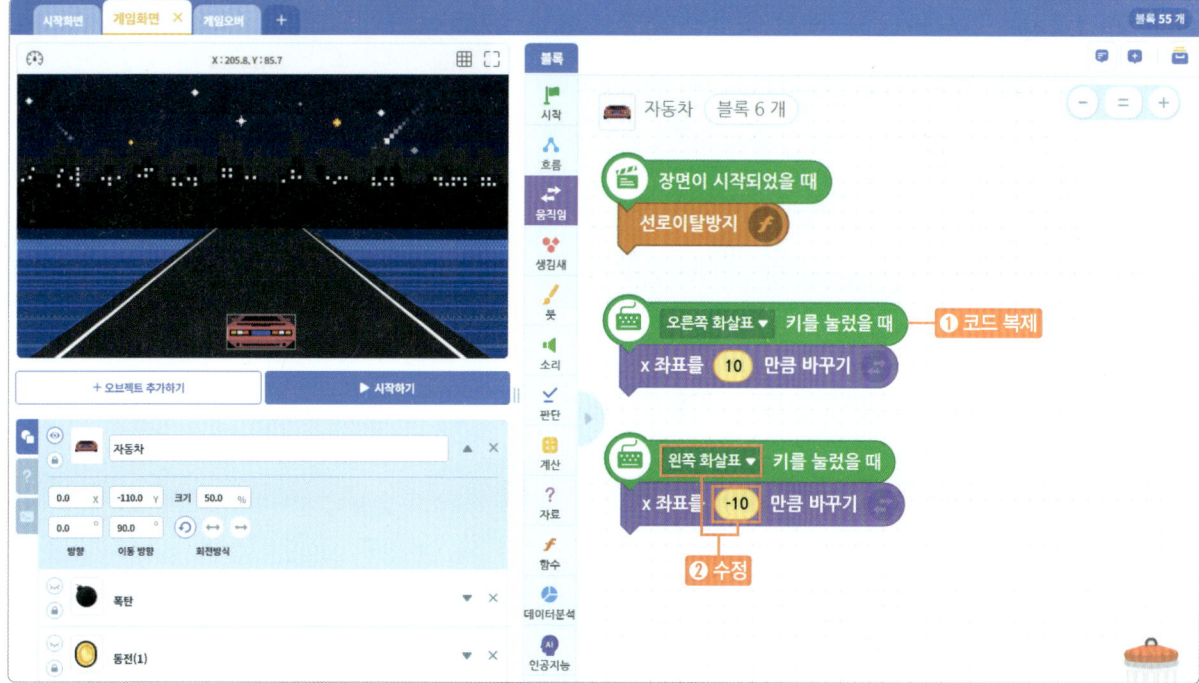

3 '점수' 신호를 받았을 때 점수(변수)에 10만큼 더하도록 블록을 추가해요.

▶ [시작]- 신호 ▼ 신호를 받았을 때 ➡ [자료]- 변수 ▼ 에 10 만큼 더하기
　　　　　　　 점수　　　　 점수

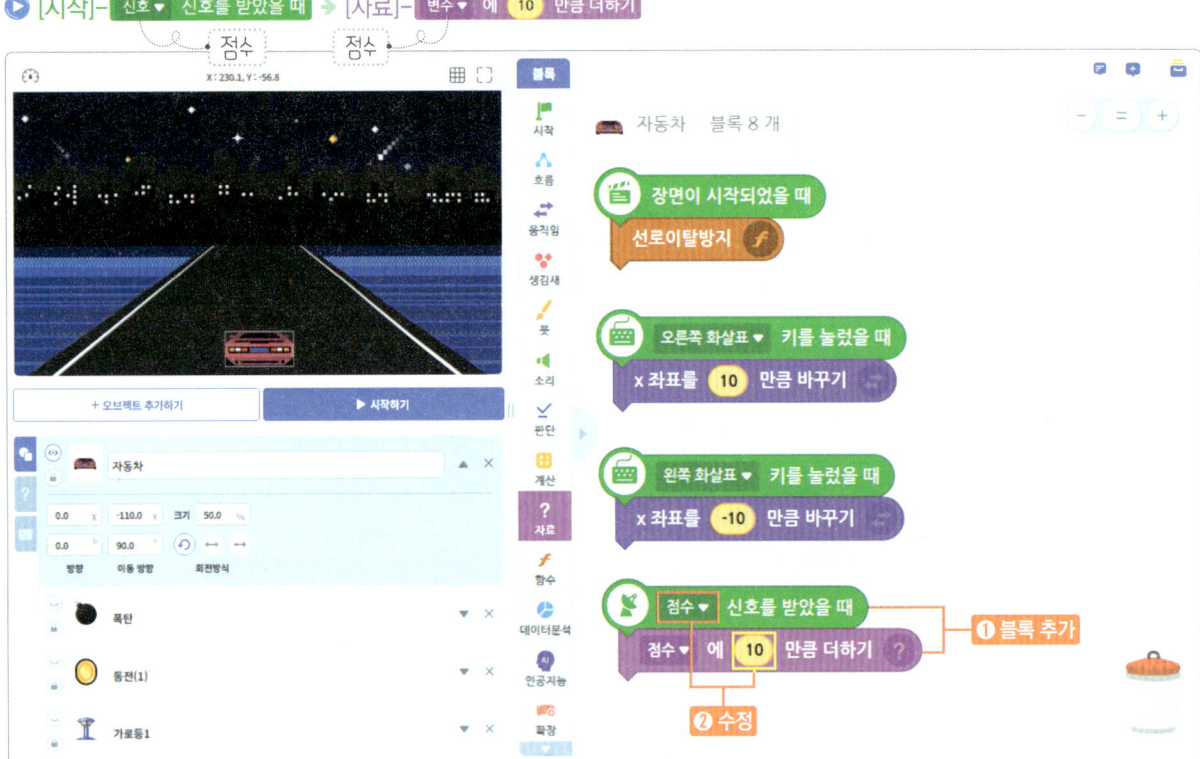

4 [시작화면] 장면에서 [시작하기]를 클릭하고 키보드 방향키로 자동차를 움직여서 동전을 먹으면 점수가 올라가요!

▶ 동전을 먹으면 10점 추가되고 폭탄에 닿으면 게임 오버

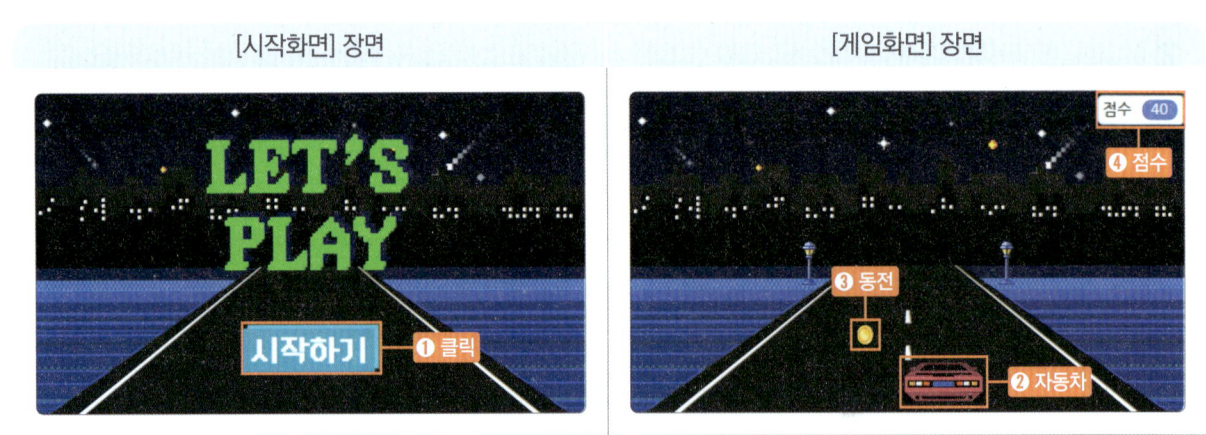

■ 불러올 파일 : 엔트리게임1.ent   ■ 완성된 파일 : 엔트리게임1(완성).ent

미션 1

[시작화면] 장면의 [시작버튼] **오브젝트를 클릭했을 때** 0.1초마다 **크기를 변경하여** 버튼의 효과가 나타나도록 설정하고 [다음] 장면이 시작되도록 [시작], [생김새], [흐름] 블록을 추가해요.

미션 2

[게임화면] 장면의 [과일 수레] 오브젝트가 좌우로 움직이면서 점수 신호를 받았을 때 점수 (변수)에 10만큼 더하도록 [시작], [움직임], [자료] 블록을 추가해요.

– **오른쪽 화살표** : x 좌표를 10만큼 바꾸기 / **왼쪽 화살표** : x 좌표를 –10만큼 바꾸기

– 점수 신호를 받았을 때 점수(변수)에 10만큼 더하기

CHAPTER 24 레트로게임 만들기-2

■ 불러올 파일 : 레트로게임2.ent　■ 완성된 파일 : 레트로게임2(완성).ent

 **학 습 목 표**

■ 글상자로 게임오버 화면을 만들어요.
■ 다시하기 버튼을 클릭하면 처음부터 다시 실행해요.

오늘 배울 내용

게임오버 화면 만들기	레트로 게임즐기기

게임이 끝나고 마지막에 보여주는 화면은 무엇일까요?

누가 맞을까?

① 종료 화면

② 시작 화면

③ 주차 화면

01 [게임오버] 장면 만들기

1 엔트리(playentry.org)를 실행하고 [레트로게임2.ent] 파일을 열고 [게임오버] 장면을 클릭해요.

2 [오브젝트 추가하기]-[글상자]를 클릭하고 '게임오버'를 입력하고 글꼴을 다음과 같이 설정한 다음 [추가하기]를 클릭해요.

▶ 글꼴 : 산돌 용비어천가
▶ 글꼴 색상 : 검정색
▶ 채우기 색상 : 채우기 없음

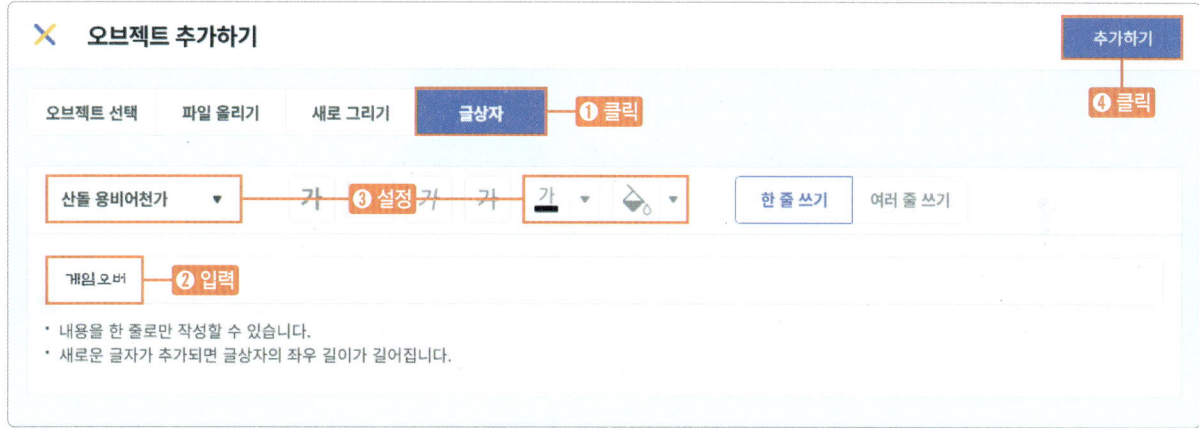

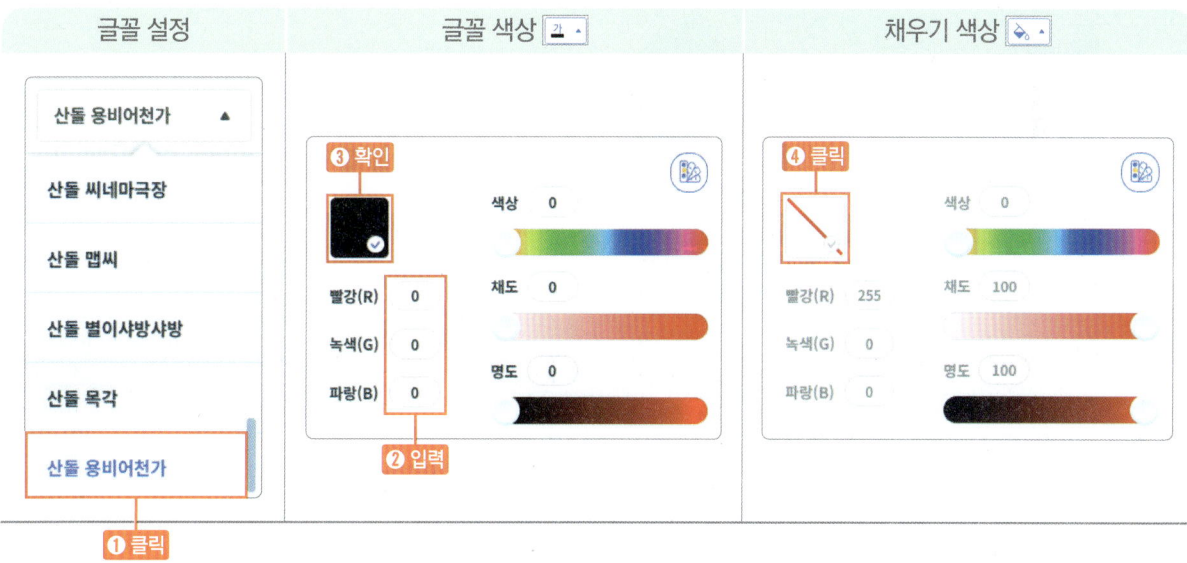

3 [게임오버] 글상자의 크기와 위치를 알맞게 조절하고 [게임오버] 글상자를 마우스 오른쪽 단추로 클릭하여 [복제하기]를 클릭해요.

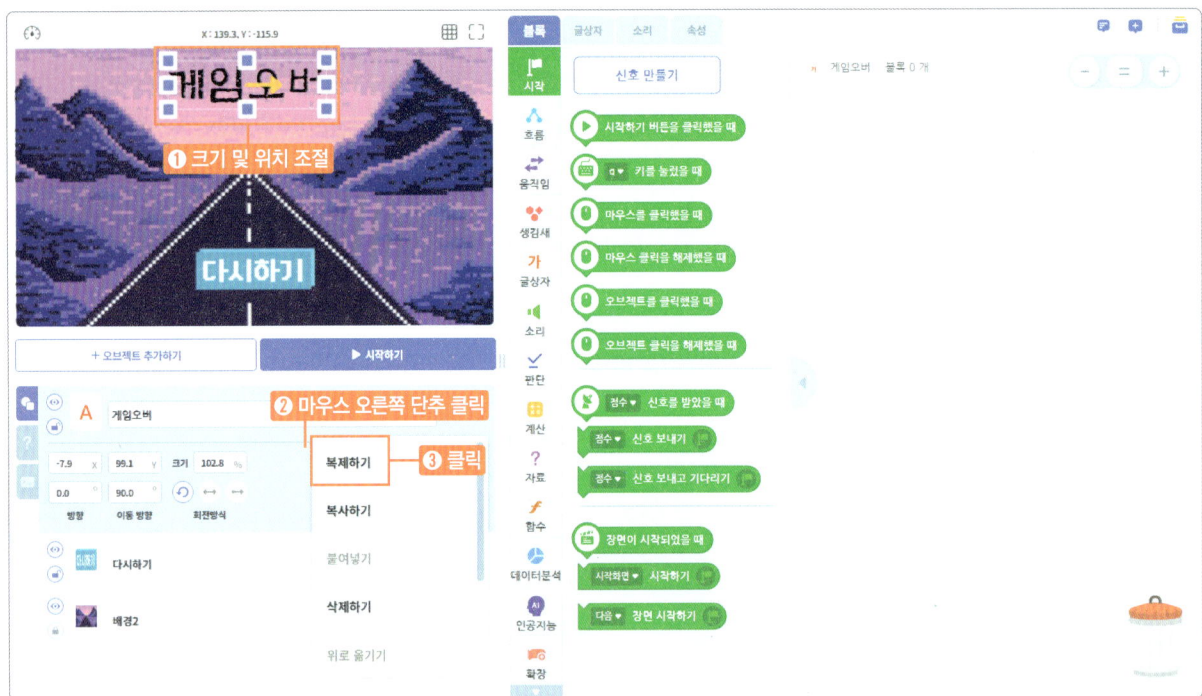

4 복제된 글상자의 이름은 점수로 변경하고 [글상자] 탭을 클릭해서 '점수'로 입력해요. 이어서, 글상자의 크기와 위치를 그림과 같이 조절해요.

5 [블록] 탭을 클릭하고 장면이 시작되었을 때 [점수] 오브젝트에 '점수(변수) 점'이라는 글자가 뒤에 추가되도록 블록을 추가해요.

[글상자]- 엔트리 을(를) 뒤에 추가하기 ➡ [자료]- 변수 ▼ 값 ··· 점수

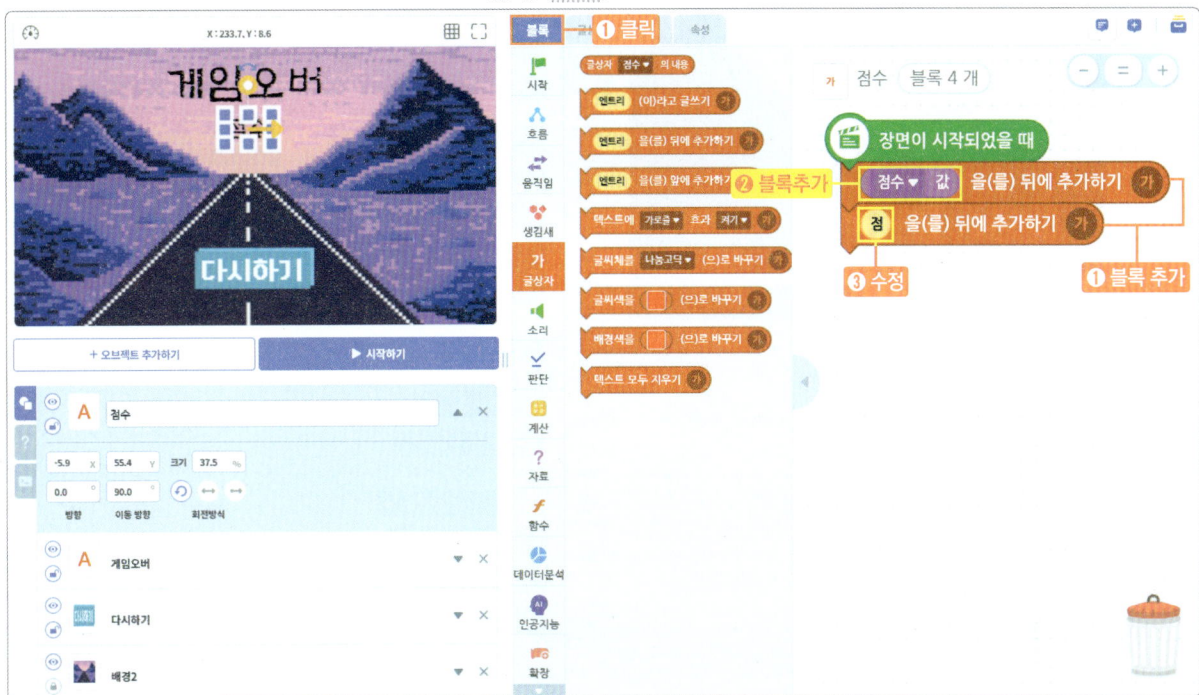

코딩 레벨 UP

● **글상자 활용하기**

[글상자] 오브젝트는 원하는 위치로 옮기거나 크기 조절이 가능하며, 글꼴, 글자 색상, 채우기 색 등 디자인도 마음대로 변경할 수 있어요. 게임 제목, 설명글, 버튼, 점수판 등 다양하게 활용할 수 있어요.

6 ▶ [다시하기] 오브젝트를 클릭했을 때 처음부터 다시 실행하도록 블록을 추가해요.

▶ [시작]- 오브젝트를 클릭했을 때 ➡ [흐름]- 처음부터 다시 실행하기

7 ▶ [시작화면] 장면을 클릭하고 [시작하기]를 눌러서 게임을 시작하고 게임오버 되었을 때 점수를 확인하고, 다시하기 버튼을 클릭해 보세요.

■ 불러올 파일 : 엔트리게임2.ent   ■ 완성된 파일 : 엔트리게임2(완성).ent

미션 1

❶ [게임오버] 장면에 '점수' 글상자를 추가하고 위치와 크기를 조절해요.

❷ 게임오버 되면 점수가 표시 되도록 [시작], [글상자], [자료] 블록을 추가해요.

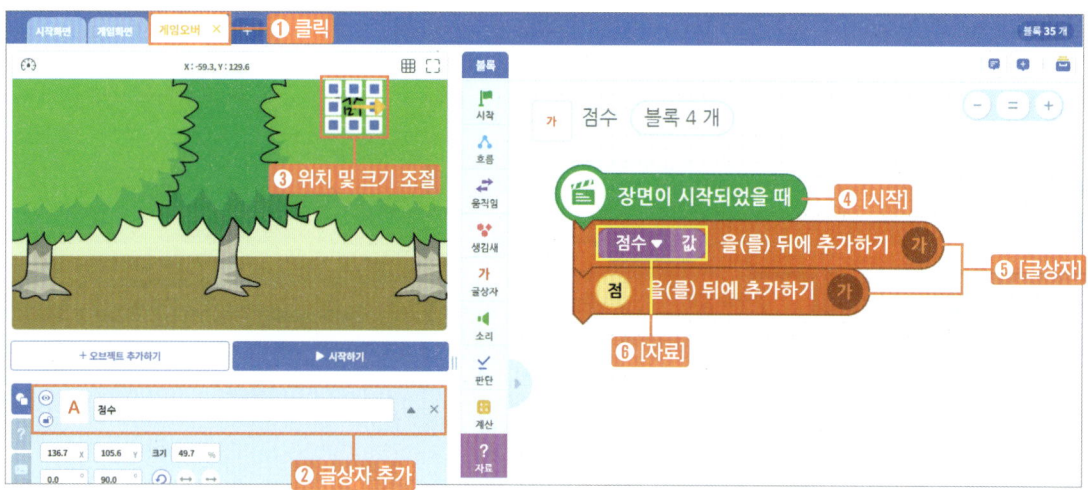

미션 2

❶ [게임오버] 장면에서 [오브젝트 추가하기]를 클릭하고 '농부 엔트리봇'과 '다시 하기 버튼_1'를 추가해요.

❷ [다시하기 버튼_1] 오브젝트를 클릭했을 때 처음부터 다시 실행하도록 [시작]과 [흐름] 블록을 추가해요.

 · **MEMO** ·